Superlópez

José Ignacio López de Arriortúa

Superlópez
José Ignacio López de Arriortúa

María Arana
Manu Álvarez

verlag
moderne industrie

Die Deutsche Bibliothek – CIP-Einheitsaufnahme

Arana, María:
Superlópez / María Arana ; Manu Álvarez. [Aus dem Span. von
profi-Schnelldienst]. – Landsberg/Lech : Verl. Moderne Industrie,
1993
  ISBN 3-478-34570-7
NE- Alvarez, Manu:

© 1993 verlag moderne industrie, 86895 Landsberg/Lech
Übersetzung: profi Schnelldienst, 60313 Frankfurt/Main
Umschlagphoto mit freundlicher Genehmigung von Actualidad Economica
Satz: abc Satz Bild Grafik, 86807 Buchloe
Druck und Bindearbeiten: Friedrich Pustet, 93051 Regensburg
Printed in Germany 340 570/0893801
ISBN 3-478-34570-7

Auf der Gehaltsliste von VW ist López keine Ausgabe, sondern eine Investition.

Dr. Ferdinand Piëch,
Vorstandschef Volkswagen

Wenn López uns Zulieferern sagt, er reiche uns die Hand, denke ich immer gleich an meinen Hals.

Chef eines Automobilzulieferers (und Lieferant für VW)

In Spanien ist der Spitzname Superlópez so gängig wie im Fußball Kaiser Franz.

Ein Seat-Manager

Wir brauchen Quantensprünge im Automobilbau. Als vor Jahren im Hochsprung die Grenze erreicht war, kam Fosbury und setzte mit einer Körperdrehung neue Maßstäbe.

López de Arriortúa

Wir sind das erste López-Opfer. Wir beugen uns der Macht der Rücksichtslosigkeit.

Behauptung des Konkursverwalters der
Gießerei Mittelmann, Velbert

Das Nachtgebet der VW-Mitarbeiter: Ich glaube an José Ignacio López und die heilige spanische Inquisition.

SPIEGEL-Leserbrief

Mein Lebenstraum? Eine Autofabrik im Baskenland mit der halben Produktionszeit gegenüber den Japanern – sechs Stunden pro Auto.

López de Arriortúa

Inhalt

Vorwort

WAS gut ist für General Motors, ist auch gut für die Vereinigten Staaten – heißt es. Dieser Meinung war auch der Ingenieur José Ignacio López de Arriortúa. Bis die Deutschen kamen und ihn nach Wolfsburg holten.

Ich habe das vorerst letzte Kapitel der Geschichte von Iñaki – seine engsten Freunde nennen ihn Josin – an verschiedenen Orten der Welt über die Herald Tribune oder das Wall Street Journal mitverfolgt. Er ist übrigens in meinem Alter (Jahrgang 1941) und nur einige Kilometer von meinem Haus entfernt geboren. Ich interessierte mich immer mehr für meinen Landsmann. Die amerikanischen Zeitungen und viele andere waren über den „Kaiser" sehr verärgert, und ich freute mich wie ein Schneekönig, daß es ein Landsmann aus meinem Jahrgang soweit gebracht hat. Iñaki, eine theologisch-technologische Mischung aus Ignatius von Loyola, José María Murga („Der Maure aus Biskaya") und Sony-Gründer Akio Morita, hat die Moral des Baskenlandes gestärkt.

Iñaki, mit seiner Uhr am rechten Handgelenk und seinen revolutionären Techniken, ist die geheime Waffe von Amorebieta. Sein Königreich ist von dieser Welt, der Welt der Motoren. Katholisch und sentimental wie er ist, hat er sich dazu entschlossen, seine Doktrin in keiner geringeren Stadt als Detroit zu predigen. Wissen Sie, was Henry Miller in „Alptraum der Klimaanlage" von Detroit sagt? „Sofort bei meiner Ankunft wurde mir klar: Detroit ist eine Stadt, in der man früher oder später Selbstmord begeht."

Was Iñaki bewog, eine Entscheidung zu fällen, die einen Orkan auslöste und die Führungskräfte von Detroit erschütterte, ist unbekannt. Er war weit entfernt von der Heimat, vom grünen Land, von den niedrighängenden Wolken, vom Frontón (beim baskischen Pelota-Spiel die Wand, an der der Ball anschlägt), vom Fluß Mundaka, von Margaris Dorf Busturia... Das ist vielleicht eine Erklärung. Aber wer kennt schon die Beweggründe eines Basken? Der berühmteste Baske in der Geschichte der Vereinigten Staaten, Paul Laxalt, Senator und Berater von Reagan, wurde damit beauftragt, Imelda Marcos, der Gattin des philippinischen Diktators, mitzuteilen, daß das Weiße Haus das Regime nicht mehr unterstützen würde: „Wer versteht schon die Basken?" antwortete die First Lady. Laxalt ließ sich nicht aus der Fassung bringen, so wenig wie López de Arriortúa, dieser Mystiker seiner Aufgabe, der Visionär der dritten industriellen Revolution. Schon sein Familienname prädestiniert López de Arriortúa dazu, hart wie Stein zu sein. „Au ateraten da arriobiko arria legez" ist einer, der Steine aus dem Steinbruch holt. Mit dieser Eigenschaft hat Superlópez alle Zugeständnisse bekommen; er hat sie den Automobilzulieferern abgerungen.

Viele Jahre lang bin ich an der Kreuzung von Amorebieta-Etxano vorbeigekommen. Ich hatte keine Ahnung, daß hier, inmitten des ersten Naturschutzgebietes, das Wunder der Automobilindustrie der neunziger Jahre aufwuchs, der Schrecken der Zulieferindustrie, der Mann, der es wagte zu behaupten, daß die Amerikaner zu viele Pommes frites essen und zu viel Golf spielen.

Der Erfolg des „Kaisers" liegt in seiner dörflichen Herkunft, in seinem Sinn für Humor, in seinem fremden, verschwindend kleinen Akzent der Leute aus Baserri (einer Gemeinde bei Bilbao), den man ihm nachsagt. In diesem Punkt ist „der Würger" revolutionär: Wir Basken haben immer das gute Essen gepriesen. Wir alle lieben die Freuden des Dionysos und den großen Festschmaus, und da kommt Iñaki daher, ohne ein Gramm Fett auf den Rippen, und sagt uns, daß wir keine Kohlenhydrate essen sollen, sondern nur Früchte und Grünzeug.

Iñaki ist wie Whisky: „baskisch-herzerweiternd". Die Kurse an der Wall Street sanken um vier Prozentpunkte, als López sich von GM auf französisch empfahl. Ich kann mir gut vorstellen, wie sie bei General Motors um einen Tisch herum versammelt die Encyclopædia Britannica wälzten, um herauszufinden, wie die Leute von Biskaya sind, vor allem die von Amorebieta.

Er, der „kleine Junge aus Amorebieta", ist das Kind einer postindustriellen, postkommunistischen und postmodernen Ära: „Qualität, Service und Preis." Die Schlagzeilen über den Leuchtturm und Messias in der Automobilindustrie haben mich in den letzten Monaten verfolgt. Sie waren wie „in crescendo, allegro con moto": „Der Mann, der Europa zittern läßt", „Die begehrteste Führungskraft der Welt", „Der Prophet von General Motors", „Vom Gehilfen des Jon Idígoras zur Nummer eins in Detroit", „Superlópez schlägt sich mit den Superführungskräften", „Superlópez, der Headhunter", „Der Elcano von Volkswagen", „Der Baske, der General Motors das Fürchten lehrte", „Der Talisman der Automobilindustrie", „Großer Haß und große Leidenschaften", „Ein Lebensretter für Giganten?", „GM und Volkswagen kämpfen ohne Waffenstillstand um López de Arriortúa".

In meinem Eifer, neue Informationen über den „großen Inquisitor" zu entdecken, habe ich begierig Chroniken, Reportagen und Agenturen durchforstet. Ich habe immer weiter gesucht, und ich fand schließlich María Arana und Manu Álvarez, zwei Journalisten, die Iñaki wegen ihrer Kreativität, ihres Einfühlungsvermögens und ihres Arbeitseifers sehr viel Freude machen würden. María und Manu, zwei brillante Vertreter des Journalismus, haben die wichtigsten Informationslücken gefüllt.

Dieses sehr lebendige und ehrliche Buch entspricht dem letzten Punkt der „Zehn Gebote von López", der eine Mischung aus Bauer und Technokrat ist: „Man muß beseelt sein von dem Wunsch zu siegen, um den Kunden zufriedenzustellen. Der Rest kommt von ganz alleine."

Vor einigen Wochen habe ich meine Uhr am rechten Handgelenk angebracht – so wie das López von allen seinen direkten Mitarbeitern als Zeichen des Teamgeistes verlangt. Aber leider hat der Zauber bei mir nicht gewirkt.

Manu Leguineche, Madrid
Leiter der Nachrichtenagentur „Fax Press"

Danksagungen

Das Schreiben dieses Buches war geprägt von Zeitdruck, Nervenanspannung, Schwierigkeiten, frustrierenden Versuchen, einigen uns gelegten Fallen und vor allem von Ungewißheit. Wenn man alles erzählen würde, was sich seit der ersten Idee für dieses Buch bis zu seinem Erscheinen ereignet hat, würde das zweifellos Stoff für einen Intrigenroman liefern – mit den Schauplätzen der Automobilwelt.

Es ist schwierig, ja fast unmöglich, über eine umstrittene Persönlichkeit zu schreiben, die sich in einem Zeitraum der mündlichen Abstinenz – 100 Tage Schweigen für López – befindet. Doch durch die Mitwirkung von vielen Menschen, die uns auf die eine oder andere Weise geholfen haben, konnten wir dieses Projekt verwirklichen. Jedem einzelnen von ihnen möchten wir hiermit danken:

- *Manu Leguineche, Leiter der Nachrichtenagentur „Fax Press".* Er hatte die Idee, daß wir dieses Buch schreiben sollten, allerdings zunächst für ein anderes Projekt, das leider nicht zustande kam.

- *Patxi Ocerin,* López' fleißiger Rechtsanwalt, der zu Beginn der Zusammenarbeit sehr zurückhaltend war, dessen Arbeit aber ausschlaggebend dafür war, daß es jetzt ein Buch über „den Chef" gibt.

- *Eugenia Arriortúa und María Jesús López de Arriortúa* öffneten uns ihr Haus, ihren Koffer an Erinnerungen und die Speisekammer.

- *Rafael Escolá, José Luis Molinero, Agustín Tellería und Nicolás Uríbarri.* Sie waren die wichtigsten Informationsquellen.

Auch den vielen anderen, die nicht genannt werden, möchten wir für ihre Unterstützung danken. Für einige von ihnen ist es besser, wenn niemand erfährt, daß sie mit uns zusammengearbeitet haben.

Wir sind denjenigen, die sich geweigert haben, uns zu helfen, nicht böse. Wir strafen sie einfach dadurch, daß sie uns gleichgültig sind.

María Arana und Manu Álvarez

José Ignacio López de Arriortúa

1 Einführung

IN Mañaria (Biskaya) erzählt man sich von dem ruhmrei-
chen Schäferhund Riki, der viele Jahre lang alle Wettbe-
werbe gewann. Man erzählt sich auch, daß sich eines Tages
eine Gruppe von neugierigen Besuchern dem Gehöft des
Besitzers dieses berühmten Hundes näherte und ihn, eifrig
darum bemüht, mehr über Rikis Fähigkeiten zu erfahren,
ausfragte. „Als er noch ein kleiner Hund war, haben Sie da
schon seine Schlauheit bemerkt?" Ein verblüffter Blick und
eine schlagfertige Antwort: „Der da? Der hat alles mit
Schlägen erlernt." Ebenso wie Riki mußte José Ignacio
López de Arriortúa vieles erleiden, um ganz nach oben zu
gelangen. Er erhielt natürlich keine Schläge, aber es kostete ihn viele Stunden Studium und Anstrengung, doch das

Leben belohnte ihn großzügig dafür. Iñakis Persönlichkeit konnte sich von klein auf ungehindert entwickeln. Er wurde zu einem ganz normalen Menschen, der sich jedoch durch seinen außergewöhnlich ausgeprägten gesunden Menschenverstand und seine Dickköpfigkeit auszeichnet. Auf diesen – an sich banalen – Eigenschaften beruht auch sein überragender Erfolg.

Seine Person zu porträtieren bringt das Risiko mit sich, ihm in übertriebenem Maße zu schmeicheln. Eines jedoch ist sicher: Niemand oder fast niemand wagt es, ihn anzugreifen. Die Ursache dafür könnte darin liegen, daß der Ruhm Ressentiments bei den einen abschwächt, bei den anderen verstärkt. Der eine Effekt wird durch den anderen ausgeglichen. Seine Schulkameraden erinnern sich mit Sympathie an ihn, ebenso seine Abiturfreunde oder die Ingenieure. Seine wahren Freunde loben seine Großzügigkeit, Bescheidenheit und Einfachheit. Diejenigen, deren Vorgesetzter er war, sind sich nicht einig: Die einen begeistert er, die anderen meinen, er hätte sie nach Strich und Faden „ausgebeutet". Und die Zulieferer hassen ihn, denn das Verhandeln mit ihm muß eine Tortur sein. Man sagt, daß er viel lachen würde, aber dafür keine Aufputschmittel benötige (er raucht nicht, er trinkt nicht, und außerdem hält er Diät), und er ist außerordentlich enthusiastisch und dickköpfig.

Er ist ein ungezwungener Mensch, ein praktizierender Katholik und verliebt in Busturia, den Ort in der Biskaya, aus dem seine Frau Margari stammt und wo er das Haus der Familie mit Hingabe pflegt. Josin (so nennt man ihn vertraulich in seiner Familie), Iñaki (wie ihn seine Freunde und engsten Mitarbeiter nennen), Superlópez (der Spitzname des Triumphators) oder Herr Dr. López (sehr bezeichnend für seinen Start bei Volkswagen) ist ein leidenschaftlicher Befürworter von Doktrinen, die er in Arbeitsanweisungen und Berichten für alle Gelegenheiten aufstellt. Sein berühmtes „PICOS"-Konzept (Purchased Input Concept Optimization with Suppliers) zur Verbesserung der Produktivität und des Teilezukaufs ist fast eine Legende, ebenso wie die „Diät des Kriegers", in der er erklärt, wie wichtig es ist, daß der Geist einer Führungskraft in einem gesunden Körper lebt. In seiner neuen Erfindung des „KVP im Quadrat" (Kontinuierlicher Verbesserungsprozeß; japanisch Kaizen) hat er seine Revolution in der Automobilindustrie angefangen. Man braucht nur die Philosophie seiner frühen Berufsjahre zu kennen, um ihn zu verstehen. Er arbeitete Anfang der siebziger Jahre bei Firestone, als er einen dicken Band verfaßte, der teilweise von ihm selbst, teilweise von seiner Sekretärin mit Schreibmaschine geschrieben wurde, in dem er seine Philosophie über die Autorität darstellte. Er sprach sich für eine gut informierte, solidarische Führungskraft im Dienste ihrer Untergebenen aus.

„Dieses Führungskonzept", faßt López de Arriortúa zusammen, „ist auf das christliche Evangelium abgestimmt, das uns daran erinnert: 'Dient, und es wird euch gedient werden'."

Sogar in der Bibel findet Superlópez eine Grundlage für seine Ideen. Alles ist ihm recht, wenn er damit zeigen kann, wie klar seine Meinung doch ist. So ist er ein Provinzler voller gesunden Menschenverstandes, der leidenschaftlich gerne arbeitet. Dieser harten Arbeit hat die Führungskraft, der Stern am Automobilhimmel, ein Gedicht gewidmet, das er vor mehr als zwanzig Jahren geschrieben hat. Einige seiner Strophen, die erste und die letzte, haben nie an Gültigkeit verloren:

Bist du arm, dann arbeite. Bist du reich, dann arbeite. Wenn man dich ungerechtfertigterweise mit Verantwortung überhäuft, dann arbeite. Wenn du glücklich bist, fahre fort zu arbeiten – der Müßiggang erzeugt Zweifel und Ängste.

(...)

Was immer auch dein Problem ist, arbeite. Arbeite mit Beharrlichkeit und mit Glauben. Die Arbeit ist das wirksamste materielle Heilmittel, das der Mensch kennt. Sie heilt ebenso geistige Krankheiten wie physische.

Verrückt oder genial, sicher ist, daß die praktische Anwendung dieser Verse Superlópez auf das höchste Podest gehoben haben. Als Nummer zwei (nach dem Ausscheiden von Daniel Goeudevert) bei Volkswagen wird er ebensoviel verdienen wie die besten Fußballspieler, und man sagt, sogar noch mehr als Ferdinand Piëch, der Vorstandsvorsitzende von VW. Sein Gehalt wird sich mehr oder weniger um 24 Millionen DM für eine Zeitspanne von fünf Jahren bewegen. „Ist er denn soviel wert?" fragen die Skeptiker. Die Antwort kennen diejenigen auf der anderen Seite des Atlantiks. In den Vereinigten Staaten hat der weltgrößte Automobilhersteller General Motors (GM) unter dieser baskischen Führungskraft heftige Erschütterungen erlebt. López hat sich dort durch sein Hin und Her, „Ich gehe", „Ich bleibe", nicht gerade beliebt gemacht. Die Amerikaner werden ihm die Art nie verzeihen, wie er gegangen ist, einfach so durch die Hintertür, und man beschuldigt ihn, exzentrisch zu sein. Vielleicht ist viel davon wahr, aber in Europa, bei VW, kümmert man sich wenig um seine Umgangsformen, solange er jährliche Einsparungen von über 2 Milliarden DM wie bei GM realisieren kann. In Deutschland nennt man ihn den „Mann ohne Erbarmen", und ein französisches Wochenblatt schreibt, daß er eine Mischung zwi-

schen Hernán Cortés und Attila sei. In Spanien empfängt
ihn der König. Im Baskenland (Euskadi) erinnert man sich
an die Heldentaten eines anderen weltberühmten Basken,
Ignatius von Loyola; und wenn Superlópez, der als Baske
die spanische Sprache nicht gut beherrscht und die englische Sprache nur gebrochen spricht, „sein Heimatland an-
preist", lächelt man zufrieden. In Amorebieta, seinem Dorf,
glaubt man nicht, daß man dort eines Tages durch den Bau
einer Autofabrik die Hauptrolle in der dritten industriellen
Revolution spielen wird, und seine Mutter Eugenia weiß
nicht, was sie davon halten soll: „Ob mich der Erfolg mei-

nes Sohnes überrascht hat? Keineswegs. Schon als kleiner Knirps ist er immer wunderbar gewesen. Den einzigen Eindruck, den er auf mich gemacht hat," sagt sie in ihrer eigenartigen ländlichen Ausdrucksweise, „war der eines Ignatius. Aber ihn mit Ignatius von Loyola zu vergleichen! Bei aller Liebe, die ich für ihn habe...!"

Und sie erzählt und weint gerührt. Aber es sind noch nicht drei Sekunden vergangen, da lacht sie schon wieder, weil sie sich an einen der Streiche von Josin erinnert, ihres Josin, der sie zwei-, drei-, vier- oder fünfmal die Woche anruft, um zu fragen, wie es ihr geht, oder um sie daran zu erinnern, daß sie gegenüber der Presse keine Auskünfte geben soll. Das Schweigen der ersten 100 Tage, die VW ihm, dem Wunderstern, bei seiner Einstellung auferlegt hat, verpflichtet ihn. Und seine Mutter, eine energische und intelligente Hausfrau, geht den Schwierigkeiten geschickt aus dem Weg. Aber Eugenia spricht gerne über ihren Josin: „Eines Tages haben wir mit ihm ferngesehen. Es ging um Eltern eines zweijährigen Kindes. Sie hielten ihren Sohn für ein Wunderkind, weil er bereits lesen konnte und auch andere Dinge schon beherrschte. Die Eltern erzählten, daß sie ihn in die Obhut eines Psychologen gegeben hätten, damit er seine Entwicklung beobachten könnte, und daß sie ihn auf eine besondere Schule schicken würden. Und da sagte ich: 'Oh, was für verrückte Eltern! Mit unserem Sohn würden wir das nie machen!'"

Mit zwei Jahren konnte er lesen, mit fünf Jahren lenkte er die Straßenbahn

JOSÉ IGNACIO López de Arriortúa wurde am 18. Januar 1941 in Nafarroa, einem Stadtviertel von Etxano geboren, einer Gemeinde, die heute nach Amorebieta (Biskaya) eingemeindet ist. Er war der Erstgeborene und die Freude des ganzen Hauses. Man erzählt sich, daß ein Nachbarjunge ihn sah, als er gerade geboren war. Der Eindruck, den das Baby bei ihm hinterließ, muß so gut gewesen sein, daß er, als ihn seine Mutter nach dem Namen fragte, den man dem Sohn der Familie López Arriortúa gegeben hätte, ganz spontan ausrief: „Don Ignacio, Mutter!" Der Vater von Ignacio war Monteur bei dem metallverarbeitenden Unternehmen Izar. Die Mutter, nach Meinung von López-Junior „die klügste Frau der Familie und diejenige, die noch heute über alle befiehlt", führte den Haushalt mit fester Hand. In dieser Umgebung wuchs unsere Hauptperson auf und spielte zusammen mit ihrer Schwester María Jesús, die in seinem Schatten stand.

Er war zwei Jahre alt, als er das Lesen lernte. Mit Hilfe seines Vaters und der Zeitung „La Gaceta del Norte" übte er sich im Lesen. „Aite dator" (Papa komm!), rief Josin auf baskisch, wenn er ihn von weitem kommen sah. Er wartete bereits auf der Türschwelle auf ihn, gab ihm zwei Küßchen, und dann setzten sich beide an den Küchentisch. Die Unterrichtsstunde begann. Auf den Knien seines Vaters wurde er in die Welt des Wissens eingeweiht.

„Aite, was ist das?" Josin zeigt mit seinem kleinen Finger auf den fetten Buchstaben einer Schlagzeile.

„Das ist ein L."

„Und warum?"

„Weil es einen Strich hat, der nach oben führt und einen anderen, der gerade verläuft."

„Und das?"

„Ein R".

„Und das andere da?"

„Ein B."

So vergingen die Stunden und Tage, in denen er auf die Rückkehr seines Aite von der Arbeit wartete. Er wußte, daß er mit der Zeitung „Gaceta del Norte" unter dem Arm ankommen würde, weil er immer unterwegs die Zeitung kaufte. Und ohne daß ein Wort gewechselt wurde, begann eine neue Lektion, bis er schließlich lesen konnte. Die Eltern hatten sich schon bald an diese Frühreife gewöhnt, aber es gab immer wieder einen Nachbarn, den er damit verblüffte. Im Hause der López Arriortúa hatte das keine so große Bedeutung. „Ich habe mit drei Jahren lesen gelernt und galt als Spätzünder," scherzt María Jesús, die Schwester des Super-Bruders. Mit fünf Jahren konnte Josin schon rechnen.

Eines Tages wäre beinahe etwas passiert. Die Großmutter Bibi, die sie besucht hatte, wollte nach Arratia zurückfahren. Das Kindermädchen Mari Carmen und Josin begleiteten sie zum Abschied zur Straßenbahn. Sie setzten sich auf eine der Bänke, aber es war noch eine halbe Stunde Zeit bis zur Abfahrt. Sie warteten also. Die Straßenbahnfahrer nutzten diese Gelegenheit und begaben sich, ohne den Anfahrhebel zu blockieren, in eine nahegelegene Bar. Josin hatte sie aufmerksam beobachtet, und in dem Moment, als niemand ihn beobachtete, erhob er sich rasch von seinem Sitz und lief zu dem Platz des Fahrers. Mit sicherem Griff löste er die Bremse und setzte die Straßenbahn in Gang. Die Großmutter betete, das Kindermädchen zitterte und die Mitfahrer schrien: „Haltet die Straßenbahn an!" Ein Fahrgast reagierte schnell, er unterbrach das elektrische Antriebssystem und beendete somit die Fahrt von Josin. Zum Glück, kann man sagen, denn der alte Wagen fuhr direkt auf den Fluß zu. Aber das dicke Ende kam noch. Die Mitfahrer fielen über das Kindermädchen Mari Carmen her. Alle schrien sie an und gaben ihr die Schuld an diesem Vorfall. Man nannte sie unverantwortlich. Josin blieb die ganze Zeit ernst, sehr ernst. Aber auch die Geduld des Kindermädchens hatte seine Grenzen. Als sie auf dem Weg nach Hause waren, verabreichte sie dem Jungen eine kräftige Tracht Prügel. „Das hat er gebraucht", sagt heute seine Mutter.

„Warum hast du das getan, Josin?" fragte ihn seine Ama (Mutter).

„Ich", brummelte er, „weil ich Amama (Großmutter) ganz allein nach Arratia bringen wollte, und außerdem wäre

sie ohne Fahrer und ohne Fahrkartenschaffner umsonst ge-
fahren!" Schon damals zeigte sich also seine große Fähigkeit, Geld zu sparen.

Wenn man López heute fragt, an welche Etappe seines
Lebens er die besten Erinnerungen hat, versetzt er sich direkt in die Kindheit: „Ich habe die schönsten Erinnerungen
an eine wunderbare Familie, an gute Kameraden und an ein
Dorf, das ich immer im Herzen trage."

Josin wurde größer, und seine Liebe für Pelota, einem
baskischen Ballspiel, nahm im gleichen Rhythmus zu, wie
seine Arme und seine Beine länger wurden. Der Hof der Arriortúa grenzte unmittelbar an einen Hof, der einem anderen
berühmten Einwohner von Amorebieta gehörte, dem Welt-
meister im Palasport, Andoni Larrucea. Josin verehrte diesen Larrucea, der sehr jung starb. Er war sein Idol, und er
ahmte ihn in allem, was möglich war, nach. Seine Dickköpfigkeit, vielleicht der bezeichnendste Charakterzug unserer
Hauptperson, erlaubte ihm nicht, exakt wie Larrucea oder
wie Jesús García Ariño (zwei andere berühmte Spieler), die
er auch sehr bewunderte, zu spielen, sondern er hatte seine
eigene Art zu spielen. Josin suchte mit einem Schläger seiner Idole seinen Vater auf. „Mache mir einen, der genauso
ist." Und wenn er genauso sagte, dann meinte er auch genauso. Als er einmal mit seinen Freunden Pelota am Säulen-
gang des Dorfplatzes spielte, brach er sich sein rechtes
Handgelenk. „Er war gerade dabei zu gewinnen, da stellte
ihm jemand ein Bein," erinnert sich seine Mutter. Sein Arm
wurde in Gips gelegt, doch am folgenden Tag ging er schon
wieder in die Schule, denn Josin war so streng mit sich
selbst, daß er sich nicht erlaubte, auch nur eine Unterrichtsstunde zu versäumen. Bei dieser Gelegenheit lernte er perfekt auch mit der linken Hand zu schreiben.

Er war ein sehr ernstes Kind, trug seine Nase immer etwas höher und hatte nur wenige Freunde zum Ausgehen. Dafür liebte er das Experimentieren besonders. Mehr als einmal rannte er mit blutenden Händen aus dem Haus wegen einer Explosion, die er einige Minuten zuvor in einem Reagenzglas ausgelöst hatte. Auch in Verhandlungen stellte er sich geschickt an. Meistens verhandelte er Angelegenheiten mit seiner Schwester María Jesús. Ein Beispiel: Es war üblich, daß die Kinder bei jeder Mahlzeit eine Tasse Milch tranken. Wenn man viel Milch trinkt, so sagte man, wächst man besser. Josin haßte Milch, und er wußte, wie er sich darum drücken konnte. Er wartete, bis seine Mutter das Eßzimmer verlassen hatte, dann begann er seinen Angriff: „María Jesús, wenn du meine Milch trinkst, gebe ich dir am Sonntag eine Pesete." „In Ordnung," antwortete seine Schwester. Sie sah niemals auch nur eine einzige Pesete, obwohl sie jahrelang die doppelte Portion Milch trank. „Ich kann dich nicht bezahlen", sagte Josin zu ihr, „weil ich die Pesete an ,Von Herz zu Herz' (eine spanische Radiosendung mit wohltätigem Zweck) geschickt habe." Diese karitative Geste dehnte sich auch auf sein wöchentliches Taschengeld und auf das der armen María Jesús aus.

Mit acht Jahren ließ er keinen Wecker mehr heil. Er zerlegte ihn „und konnte ihn danach aber nicht mehr zusammenbauen", erzählt die Mutter mit ihrem ländlichen Tonfall. „Er wollte sehen, was drinnen ist und ließ nichts ganz, auch keine Radios noch irgend etwas anderes. Er war ein schrecklicher Forscher." Zum Feiertag der Heiligen Drei Könige (in Spanien erhalten die Kinder ihre Weihnachtsgeschenke an diesem Festtag) wünschte er sich Bücher, weil er sich seine anderen Spielsachen, Autos und Lastkraftwagen, selbst aus Holz baute. Er liebte seine Bücher sehr; seinen Katechismus, den man ihm mit vier Jahren gekauft hatte, war, nachdem er seine Ingenieurausbildung beendet hatte, noch fast wie neu. Wenn ein Buch beschädigt war, brachte er es schnell in die Binderei, um es wieder in Ordnung bringen zu lassen. Mit seinen vielen Büchern machte er große Fortschritte beim Lernen.

Am Tag, als er die Aufnahmeprüfung für das Gymnasium bestanden hatte – im Diktat hatte er noch gezweifelt, ob das Wort „aldea" (Dorf) mit oder ohne „h" geschrieben wurde –, gab man für ihn ein großes Fest. Seine Amama María Jesús, seine Großmutter väterlicherseits, schrie aus dem Fenster des Hauses: „Der Junge hat bestanden, er hat bestanden!" Und weil die Nachbarn nicht so beeindruckt waren wie gewünscht, nahm sie den Jungen an der Hand und ging mit ihm sogar auf die Straße hinunter.

Als Josin später seinen Beruf wählen mußte, wunderte sich niemand über seine Entscheidung. Seit seiner frühesten Kindheit, von dem Tag an, als er die Straßenbahn gelenkt hatte, hatte er immer wieder beharrlich einen Satz wiederholt: „Ich werde Ingenieur, Aite." Schon in sehr jungen Jahren wußte er genau, wie er dabei vorgehen würde. „Als ich noch sehr klein war", erzählt López de Arriortúa, „fragte mich eine Tante einmal, welche Laufbahn ich einschlagen wollte. Da ich noch ein Kind war, verstand ich sie nicht richtig und dachte, sie meinte, wie ich mich am liebsten auf der Straße fortbewegen würde. Ich entschied, daß zu Fuß gehen zu anstrengend war. Besser wäre vielleicht das Fahrrad, aber nachdem ich sehr lange darüber nachgedacht hatte, kam ich zu der Schlußfolgerung, daß dies auch zu anstrengend war. Also sagte ich: ‚Ich fahre am liebsten mit dem Auto.' Und dies ist vielleicht der Grund, warum ich mich jetzt in der Automobilindustrie betätige."

Dies war nur ein Grund. Auch sein Vater, der eine grundlegende Rolle bei der späteren Entwicklung von José Ignacio López de Arriortúa spielte, beeinflußte ihn. Als Monteur bei dem metallverarbeitenden Unternehmen Izar in Amorebieta wußte er, wie er seinem Sohn die Liebe zu Maschinen, Werkstätten und Öl beibringen konnte. „Mit 14 Jahren arbeitete ich bereits in meinen Ferien in der Fabrik, wo auch mein Vater arbeitete. Er überließ mir eine Maschine, und ich arbeitete daran, wobei ich den Arbeitern ständig Fragen stellte." In diesen Sommermonaten zwischen Bohrern und Federn begann sein Respekt für die „Herren Arbeiter", von denen er sagte: „Sie sind außerordentlich kluge Menschen."

„López war dort Arbeiter. Er kam jeden Sommer, um ein Praktikum zu machen. Damals studierte er Ingenieurwesen. Ich erinnere mich daran, daß er sich immer über alles informieren wollte, es begeisterte ihn, praktisch tätig zu sein, und er tat dies mit einer enormen Hingabe. Er hatte eine Vorliebe dafür, die Arbeit genau zu erlernen. Auch nach Feierabend machte er sich darüber seine Gedanken." Ein anderer Arbeiter bei Izar, Benjamín Elespe, kam immer zur gleichen Zeit wie Josin in die Werkstatt. „Es gefiel ihm, alles zu erlernen, das Einstellen, das Feilen. Wenn schwere Teile zu heben waren, dann scheute er sich nicht, seine Hände schmutzig zu machen. Ich erinnere mich daran, daß er über viele Dinge diskutierte, aber ich hörte ihn nie über Autos sprechen. Sein Vater erzählte mir einmal, daß er ihm eines schenken wollte und Josin ihm geantwortet hätte, daß er vor der Beendigung seiner Ausbildung keines möchte."

Josin war von der Religion und besonders von der Buße sehr beeindruckt; in den Stunden des Schmerzes litt niemand so inbrünstig wie er. Damals (und jetzt) rühmte er sich einer persönlichen Genügsamkeit, die fast ans Frömm-

lerische grenzte, einer Mischung von Einfachheit, Ungesel-
ligkeit und extremer Religiosität. Als junger Mann ging er
fast nie zu Vergnügungen aus dem Haus. An den Nachmitta-
gen lernte Josin, spielte Karten oder „experimentierte" mit
dem Reagenzglas. Wenn es Abend wurde, machte er einen
Spaziergang. Dieser diente nur dem Zweck, seine Schwester
zu beobachten. „Mehr um mich zu beobachten, als sich um
mich zu kümmern", stellt María Jesús richtig. Josin über-
prüfte die Lage und nachdem er nach Hause zurückgekehrt
war, ließ er seinen Zorn über die Schwester an seiner Mutter
aus: „Ama, ich habe María Jesús mit dem ‚langen Durango'
gesehen", so nannte er den armen Verliebten. „Und du hast
Schuld, weil sie erst 17 Jahre alt und noch viel zu jung ist,
um einen Freund zu haben." Die Situation verschärfte sich
an dem Tag, als Josin seine Mutter begleitete und die Gelegenheit hatte, dem Pfarrer Sebastián zuzuhören. Von der
Kanzel der Dorfkirche aus sprach der Pfarrer den Leuten ins
Gewissen: „Die Mütter tragen die Schuld, wenn ihre Töchter mit ihren Verlobten im Badeanzug an den Strand gehen.
Diese Mütter werden in der Hölle landen." Diese Worte tön-
ten schrill im Kopf von Josin nach, Ama Eugenia hingegen
beunruhigte sich nicht. Sie maß dem Ganzen keinen besonderen Wert bei. Und tatsächlich bat María Jesús einige Tage
später um die Erlaubnis, mit ihrem Verlobten zum Strand
gehen zu dürfen. „Du gehst nicht an den Strand!" schrie
José Ignacio. „Du wirst nicht an den Strand gehen und
schon gar nicht mit deinem Verlobten", bekräftigte er und
bestand darauf. Um diesem Streit zwischen den Geschwis-
tern ein Ende zu bereiten, mischte sich die Mutter ein: „Du
wirst nicht zum Strand gehen und schon gar nicht mit deinem Verlobten, weil ich nicht deinetwegen in die Hölle
kommen will."

Einige Monate später bat María Jesús um Geld, um sich eine Hose zu kaufen – damals war es fast eine Sünde, als Frau Hosen zu tragen. Sie fuhr nach Bilbao und kaufte sich eine. Sie wollte diese das erste Mal bei einem Ausflug zum Berg Urkiola tragen, den sie mit ihrem Verlobten, dem „langen Durango", wie er von Josin genannt wurde, geplant hatte. Die Mutter hatte keinerlei Einwände. Aber ihr Bruder erfuhr davon und machte einen Aufstand. „Aber Mutter", sagte er zu ihr, „hast du denn keine Angst, in die Hölle zu kommen?" Entschlossen und ohne zu zögern nahm Josin die Hose und warf sie in den Fluß. Heute ärgert er sich immer noch über vieles, aber mit den Jahren hat er gelernt, sich zu beherrschen. Vor ein paar Monaten, als er gerade bei Volkswagen angefangen hatte, sprach Superlópez mit einem seiner Mitarbeiter, als sie vor der Bürotür eine Sekretärin vorbeigehen sahen. Sie war neu in der Firma, und bei ihrem Anblick verschlug es einem die Sprache.

„Was für eine tolle Biene! Haben Sie die gesehen?" fragte der Mitarbeiter seinen Chef.

„Ich habe nichts gesehen. Und Sie schließen gefälligst die Augen und denken an etwas anderes."

Diese Verhaltensweise kann man nur verstehen, wenn man die tiefe Religiosität von Superlópez kennt. José Ignacio López de Arriortúa war sogar ein aktives Mitglied einer Betgemeinschaft für Männer und Frauen, die sich abends zur Andacht in Amorebieta versammelten. Als Anwärter trat er am 16. August 1958 in diese Gemeinschaft ein, er schwor den Fahneneid bei den Fronleichnamsfestlichkeiten 1959 und hörte im April 1966 als aktives Mitglied auf, in dem Moment, als er zu einem „ehrenwerten Anbeter" wurde. Bis dahin gehörte er zur zweiten Reihe und nahm an 65 ordentlichen und 15 außerordentlichen religiösen Fest-

abenden teil. Die heute bekannteste Führungskraft der Automobilindustrie verbrachte insgesamt 80 Nächte des Gebe-
tes vor dem Allerheiligsten. Es ist nicht erstaunlich, daß ein
anonymer Journalist es aufgrund dieser Informationen
wagte, den Pfarrer von Amorebieta zu fragen, ob López de
Arriortúa irgendwann schon einmal ein Wunder vollbracht
hätte. Die Antwort paßt zu dieser merkwürdigen Frage:
„Ein Wunder hat er bisher noch nicht vollbracht, aber wir
warten darauf."

Aus seiner Strebsamkeit zogen seine Klassenkameraden
an der Akademie Valentín de Berriotxoa in Amorebieta
ihren Nutzen und schrieben in der Prüfung, wo sie nur
konnten, vom Streber Josin ab. Aber dieser wußte sich
schon damals zu wehren. In seinem fünften Jahr am Gymnasium hatte Josins Klasse Französischunterricht bei Jaques
Leclerq. Bereits fünf Minuten vor dem Ende der Unterrichtsstunde wollten López, Azkuna und González ihre

Bücher in die Schultaschen stecken und trommelten ungeduldig mit den Fingern auf der Schulbank herum. Als Strafe gab der Lehrer den Schülern auf, ein Gedicht von Victor Hugo auswendig zu lernen. Schrecklich, dachte das Trio, und gemeinsam beschlossen sie, die Hausaufgabe nicht zu machen.

„Wir lernen das Gedicht ganz einfach nicht, und morgen, wenn er uns fragt, sagen wir alle drei, daß wir es nicht gelernt hätten", wiederholte José María González, genannt Sema, der Anführer der Gruppe.

„Einverstanden", antworteten López und Azkuna.

Aber was für eine Überraschung erlebten González und Azkuna, als López von seinem Lehrer aufgerufen wurde, um das Gedicht aufzusagen, und er nicht einmal ein Komma wegließ! „Wir haben uns alle an die Vereinbarung gehalten, nur er nicht, er hat das ganze Gedicht rezitiert und uns damit ganz schön reingelegt", erinnert sich heute Sema. Aber

wenn man López de Arriortúa nach dieser heiklen Angelegenheit fragt, entzieht er sich geschickt jeder Verantwortung: „Ja, ich erinnere mich an Jacques Leclerq. Er war sehr
streng. Aber an das Gedicht von Victor Hugo kann ich mich
nicht mehr erinnern."

Sema war eines der Mitglieder der Clique „Der Zug der
Hoffnung", wie sie sich nannte und der auch Josin an-
gehörte. Noch heute sind sie Freunde, unter anderem, weil
„wir zusammen aufgewachsen sind, das Abitur zusammen
gemacht und zusammen studiert haben und zusammen
durch die Kneipen gezogen sind..." Der Name „Zug der
Hoffnung" entstand erst nach der Zeit, als José Ignacio dabei war. Er beruht auf der Tatsache, daß es in der Clique
„einen Lahmen, einen Einäugigen und einen Tauben gegeben hatte. Es erschien uns eine gute Sache, einen Zug der
Hoffnung zu organisieren und nach Lourdes zu fahren, um
zu sehen, ob wir dort geheilt werden konnten", erzählt eines
der Mitglieder dieser Gruppe, die sich an einem Ort namens
„Sociedad Coral" in Amorebieta fast jeden Tag traf. Heute
sind die Mitglieder der Clique alle um die fünfzig Jahre alt,
wie Superlópez, der 52 ist, aber sie erinnern sich noch sehr
genau an ihre Unternehmungen in der Jugend.

López de Arriortúa trank keinen Alkohol und rauchte
nicht. Wenn die Schule aus war, ging er direkt nach Hause,
während die anderen noch Pelota spielten. An den Sonnta-
gen hingegen traf er sich mit dem Rest der Clique in der
Nachbarstadt Guernica, und sie unternahmen dort alles
mögliche. Er stieg aber nicht den Mädchen nach, denn er
war sehr schüchtern und außerdem war ihm dies auch nicht
so wichtig. Die einzige Freundin, die er unseres Wissens je-
mals hatte, war seine Frau Margari. „Wir waren es bereits
leid, ihm immer wieder zu sagen, er solle doch rauchen und

trinken, aber er hatte bereits seine festen Vorstellungen", sagt Javier Echevarría, der auch zum „Zug der Hoffnung" gehörte. Doch es war Josin, der sich am meisten vergnügte, er tanzte die Nächte durch, ohne auch nur einen Tropfen Alkohol getrunken zu haben. Um vier Uhr morgens ging er – begleitet von seinen Freunden, die zu dieser Stunde ziemlich betrunken waren – so munter daher, daß er sich völlig von den anderen unterschied. „Wir waren in einer Bar in Guernica um etwa vier oder fünf Uhr morgens, alle ziemlich beschwipst außer Josin, der wie immer nur alkoholfreie Getränke zu sich genommen hatte. Aber", so erinnert sich ein Kamerad seiner Kneipentouren, „er tanzte und sang so laut, daß die Bedienung uns bat, ihn aus der Bar zu bringen, da sie keine Betrunkenen in ihrer Kneipe haben wollte." Bei einer dieser nächtlichen Unternehmungen lernte Superlópez Margari, seine zukünftige Frau, kennen. Es war Liebe auf den ersten Blick. Aber diese Geschichte wird in einem anderen Kapitel erzählt.

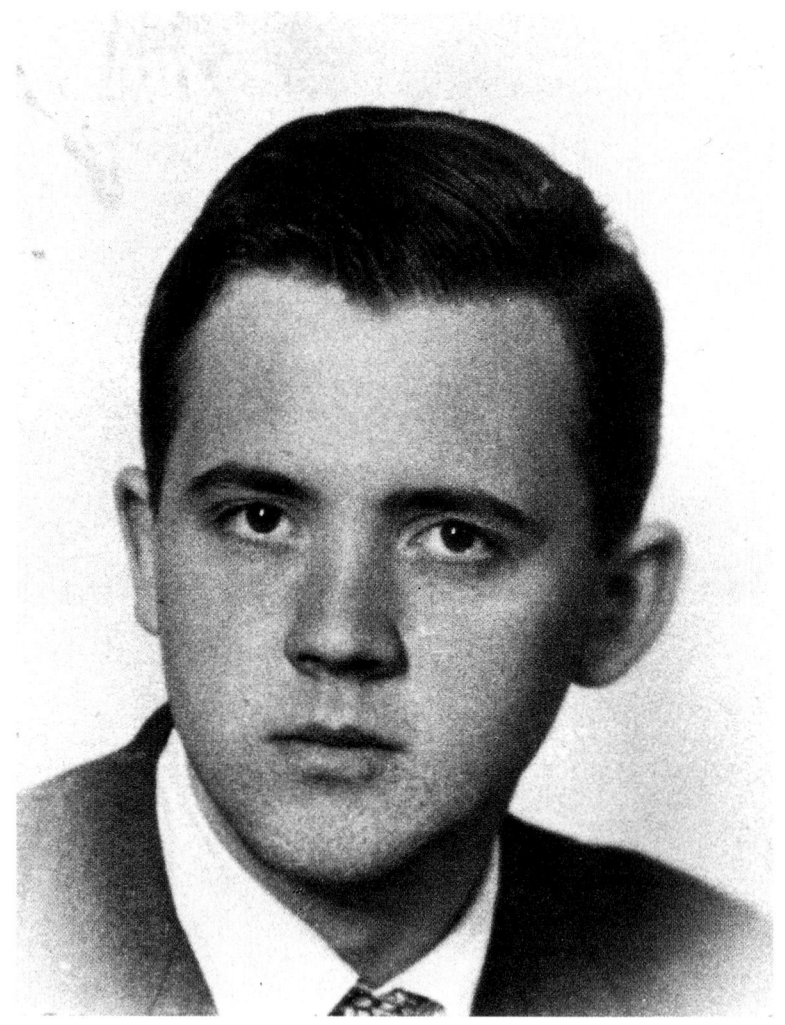

3 Die Promotion 1966

Die Ingenieursschule in Bilbao absolvierte Superlópez ohne großes Aufsehen. Er studierte sieben Jahre lang mit Schwerpunkt Mechanik, schrieb seine Doktorarbeit und promovierte 1966 als Nummer 110 mit anderen, ganz unterschiedlichen Persönlichkeiten. Ein Mitglied dieser Gruppe erklärt: „Unsere Promotion war ganz normal. Es gab kein großes Aufsehen." Unter den Doktoren gab es viele Geschäftsführer, aber auch andere Persönlichkeiten. Neben Superlópez studierten in jenen Jahren José María Vizcaíno, der Präsident von Confebask; Nicolás Uribarri, der Planungs- und Entwicklungsdirektor der Firma Altos Hornos de Vizcaya; Miguel Angel Canalejo, Präsident von Alcatel; José Angel Rebolledo, Filmdirektor; Francisco Javier Aya, Bruder von La Salle; und ein Hippie, der der Hare-Krishna-Bewegung anhing und dem Ganzen eine bunte Note gab.

Die Lehrer der Schule erinnern sich kaum an Iñaki. Vielleicht deshalb, weil fast dreißig Jahre seitdem vergangen sind, aber auch, weil er ein ganz normaler Student war, genau wie all die anderen, die Jahr für Jahr ihre Prüfungen bestehen, die niemandem zur Last fallen, die nicht ständig hinter ihren Lehrern herlaufen und die die Sprechstunden der Lehrer haßten. Alle können sich eher an den Namen von José María Vizcaíno erinnern. Der derzeitige Präsident von Confebask (Verband der baskischen Unternehmer) bewies bereits damals seine Verhandlungsfähigkeiten als Studentensprecher. Vizcaíno soll den folgenden Satz gesagt haben: „Wenn wir uns in unserer Ausbildung die Frage gestellt hätten, wer von uns mit Sicherheit nicht Vizepräsident des größten Automobilunternehmens in der Welt werden würde, dann wäre die übereinstimmende Antwort gewesen: José Ignacio López de Arriortúa."

Und dies nicht wegen seiner intellektuellen Fähigkeiten, denn als Student war er besser als der Durchschnitt, sondern wegen seiner eigenwilligen Persönlichkeit. Er lehnte den Luxus ab, war geprägt durch seine bäuerliche Art, er hatte eine einfache und bescheidene Persönlichkeit, die seinen überaus großen beruflichen Ehrgeiz verhüllte, durch den er so weit wie kein anderer gekommen ist. Er stotterte auch manchmal, weil er sich aufgrund seines hastigen Sprechens an seinen Worten verschluckte. Sogar noch heute passiert ihm dies manchmal. Seine Mutter zeigte uns einen Ordner über seine akademische Laufbahn, die mit den besten Noten gespickt ist, und versicherte noch: „Wenn Josin die besten Noten nach Hause brachte, weinte er dennoch, weil er keine

Auszeichnung bekommen hatte." Aber Iñaki ist nicht in der Lage, die genaue Zahl seiner Belobigungen anzugeben. Und wenn man ihn nach der Anzahl der „Einsen" fragt, die seine Zeugnisse bevölkerten, antwortet er nur: „Ich habe sie nicht gezählt."

„Ich erinnere mich an ihn", erzählt Lorenzo Azkunaga, Professor für beschreibende Geometrie an der Schule für Ingenieure in Bilbao, „er war ein sehr wißbegieriger Schüler, aufmerksam und immer fleißig." Azkunaga erinnerte sich an eine Begebenheit, bei der er López de Arriortúas Sympathie errang. Es war im Jahre 1961. Superlópez war nervös, weil er die Note, die er in Geometrie erzielt hatte, wissen wollte, bevor er zum Wehrdienst eingezogen wurde. Er näherte sich dem Professor Luis Ignacio Arana. „Er hatte bestanden, aber der Professor mußte logischerweise Distanz wahren. Und er antwortete ihm, daß er die Note schon rechtzeitig erfahren würde. Ich stand hinter dem Professor, denn ich war der Assistent von Luis Ignacio Arana, sah den gequälten Schüler an und zwinkerte ihm komplizenhaft mit den Augen zu. An diese Mimik hat sich Iñaki Jahre später noch erinnert und sie mir erzählt."

Trotz seiner enormen Körpergröße – auf den Photos, auf denen er mit König Juan Carlos zu sehen ist, ist er fast so groß wie der Monarch – imponierte die baskische Führungskraft nicht. Es war eher so, daß andere ihm imponierten. „Obwohl er größer und stärker war als andere, mißbrauchte er dies nicht", bemerkte ein Kamerad. Mit seiner breiten Stirn, der frühen Kahlheit und seinen herausspringenden Augen, die so gut seinen Charakter definieren, war er mit zwanzig Jahren ein Mann, der gerne lachte, immer mit einem Taschentuch in der Hand, um sich den Schweiß abzuwischen. Iñaki schwitzte immer sehr. Heute bringt er andere zum Schwitzen. Das können die amerikanischen Zulieferer bestätigen, die sich mit Champagner zuprosteten, als sie von seiner Entscheidung erfuhren, zu Volkswagen zu gehen. Eingeigelt in seine Schüchternheit, machte er nie von alleine auf sich aufmerksam, man mußte ihn aus der Gruppe herausreißen.

Er gab einer Gruppe von schlechten Schülern aus Amorebieta in den Sommermonaten Nachhilfeunterricht in Mathematik. Für jedes Schimpfwort, das einer der Faulenzer ausstieß, die nur mit Mühe dem Unterricht folgen konnten, mußten sie eine Strafe von einer Pesete zahlen.

„Verdammt, Herr Lehrer!" hörte man.

„So etwas sagt man nicht. Zur Strafe zahlst du eine Pesete!" rief der Lehrer Arriortúa.

Aber die Schüler lernten schnell, wie sie ihn aus dem Häuschen bringen konnten. Patxi Ocerin, einer der Unzähmbaren und heute Rechtsanwalt von Superlópez, erzählt folgendes: „In den damaligen Unterrichtsstunden entstand die Grundidee für das 'PICOS'-System: wie man spart, indem man die geringste Anzahl an Operationen durchführt." Sie stahlen zu Hause einen Duro (span. Silbermünze = fünf Peseten), und um Iñaki zu ärgern, stießen sie nacheinander gleich fünf Schimpfwörter aus:

„Verdammt noch mal, Scheiße, Hure, Mistkerl, verflucht!" rief einer der jungen Männer empört aus.

„Das sagt man nicht, du ungezogener Kerl. Fünf Peseten Strafe."

Und der junge Mann warf den Duro mit Verachtung auf den Tisch, als ob er sagen wollte: „Du wirst schon sehen." Superlópez hob fassungslos die Arme, weil er nicht wußte, was er mit ihnen machen sollte. „Das war eine verfluchte Sauerei, Josin!", sagt der damalige Faulenzer Ocerin. Diejenigen, die dieses Buch von Anfang an gelesen haben, können sich vorstellen, daß unsere Hauptperson die Strafpeseten wieder dem wohltätigen Werk „Von Herz zu Herz" geschickt hat.

Iñaki gab auch den Arbeitern der Firma Izar Nachhilfeunterricht in Mathematik und Physik. An den Sommervormittagen ging er zu dem metallverarbeitenden Unternehmen und versammelte die Arbeiter um sich. Er hatte mehr als hundert Schüler. Man kann sich einfach nicht erklären, wie er für all das Zeit gefunden hat, weil er damals auch seinen Militärdienst leistete, der an zwei verschiedenen Orten stattfand, in Monte La Reina (Zamora) und Madrid. „Dort", gesteht López, „ging es mir gut."

Trotz seiner großen vitalen Energie war López de Arriortúa in seiner Universitätzeit kein überschwenglicher Mensch. Er hielt sich fit, indem er Sport trieb. Neben dem Pelotaspiel spielte er Pingpong in der Küche seines Hauses, ging in die Berge und gehörte zu der Clique von Jon Idígoras, der heute ein Führer der radikalen baskischen Partei Herri Batasuna ist und der damals ein angehender Stierkämpfer bei dem „Santanatxus"-Fest seines Dorfes war. Obwohl Superlópez sich kleiner macht, als er damals war, sagt er: „Ich erinnere mich mit großer Freude an die damalige Zeit, aber niemals habe ich es geschafft, als Stierkämpfer aufzutreten oder die Initiative zu ergreifen." Er versäumte sonntags nie die Spiele in Amorebieta. Seine Anwesenheit in Urritxe auf dem Feld, wo seine Mannschaft spielte, war ihm heilig. Noch heute verfolgt er mit gleichem Interesse die Spiele des Clubs, und mehr als einmal mußte man ihm bei einem Telefongespräch aus Detroit oder Deutschland das Ergebnis eines Spiels mitteilen, entweder das von Amorebieta oder das von Athletic: weil die „Löwen" von

San Mamés einen Platz im Herzen des Basken besetzt haben.

Während die Familie und die Freunde ihn über die Neuigkeiten im lokalen Fußball informieren, schickt ihm die Schule der Industrieingenieure von Biskaya, die Superlópez besucht hatte, auch weiterhin Einladungen zu Versammlungen oder zu Ausflügen. Das letzte Treffen liegt noch nicht so lange zurück, denn 1991 feierte Iñaki das 25-jährige Jubiläum seiner Promotion. Er nahm erfreut die Einladung an und versprach, an der Feier teilzunehmen. Seine Arbeit hat das schließlich verhindert. „Aber er ist immer in Kontakt mit seinen Kommilitonen aus der Promotionszeit geblieben", verdeutlicht Nicolás Uribarri. Unter anderem wird die alte Sitte aufrechterhalten, sich zweimal im Jahr zu treffen, einmal zusammen mit den Ehefrauen und ein anderes Mal alleine. Iñaki nahm zum Beispiel in den Zeiten, als er noch bei Firestone in Basauri arbeitete, regelmäßig teil. Jetzt tröstet er sich damit, daß er in seinem Haus in Wolfsburg – seinem neuesten Wohnort nach Detroit, Rüsselsheim und Saragossa – alte Kameraden aus Promotionszeiten empfängt oder daß diese an seinen Kursen teilnehmen, die organisiert werden, damit er vor Fachleuten seine berühmte Theorie des PICOS erklären kann.

Rafael Escolá, der Gründungspräsident des Ingenieurbüros Idom, bei dem Arriortúa seine ersten Schritte als Ingenieur machte, zögert nicht lange, ihn als Redner zu Konferenzen einzuladen. Es ist eine Form, den Kontakt aufrechtzuerhalten, den sie 1966 locker knüpften, als José Ignacio gerade seine Ausbildung beendet hatte. Es waren unruhige Zeiten für Iñaki, denn sein Wunsch, im Betrieb von Izar, wo auch sein Vater tätig war, zu arbeiten, ging nicht in Erfüllung. Er erhielt auf seine Bewerbung eine Absage.

Man stellte ihn nicht ein, weil man Arbeiter brauchte und keine Ingenieure. Danach versuchte er es bei anderen Unternehmen in Amorebieta und erhielt überall eine negative Antwort. „Es gab nur zwei kleine Fabriken, und als ich dort nach Arbeit fragte, gab man mir zu verstehen, daß ein Ingenieur für sie zu teuer sei." Aber der junge Mann war tüchtig und sah sich nach anderen Möglichkeiten um, was ihn 1966 zu dem Ingenieurbüro Idom führte. Es war seine erste Stelle nach dem Studium; zunächst machte er ein Praktikum (die ersten beiden Monate) und schließlich arbeitete er dort als Ingenieur unter Vertrag (von August bis November desselben Jahres).

Während dieses kurzen Zeitraumes arbeitete er an dem Aufbau des Walzwerkes für das Unternehmen „Altos Hornos de Vizcaya" in Echévarri mit. Sein Anfangsgehalt betrug 9.000 Peseten (etwa 95,– DM) im Monat zuzüglich 650 Peseten (etwa 7,– DM) für die Verpflegung. Man muß dabei aber erklären, daß derjenige mit dem größten Gehalt bei Idom damals auch nur 23.000 Peseten (etwa 240,– DM) nach Hause brachte. Der Arbeitstag von Iñaki begann um 8.30 Uhr morgens. Eine halbe Stunde vorher traf er sich mit Joselu Molinero, der ebenfalls aus Amorebieta kam, und gemeinsam fuhren sie nach Echévarri. Normalerweise aßen sie in dem Restaurant La Frontera in Echévarri zu Mittag, wo sie das Tagesmenü bestellten: „Für mehr reichte es nicht." Sie arbeiteten bis 16.30 Uhr, aber es gab fast keinen Tag, an dem sie nicht eine oder zwei Stunden länger in der Fabrik arbeiten mußten. Abends kehrten sie nach Amorebieta zurück.

Die Monate vergingen, und das Walzwerk war fast fertiggestellt. Deshalb schlug man ihm bei Idom vor, nach La Junquera zu ziehen, um dort am Bau der Autobahn, die von

45

Barcelona nach Frankreich führen sollte, mitzuwirken. „So weit weg, nein. Ich bin doch nicht verrückt und gehe so weit weg", sagte Iñaki. Er nahm einen Monat Urlaub und suchte sich eine neue Arbeit. „Danach", erzählt Escolá, „haben wir oft darüber gelacht, wie das Leben mit einem spielt. Er, der nicht aus dem Baskenland wegzubewegen war, landete schließlich in Detroit."

Seine nächste Etappe war Cenemesa, ein Unternehmen, das in Erandio lag, elektrische Anlagen und Maschinen herstellte und später von Westinghouse erworben wurde. Dort war er zwei Jahre lang glücklich, weil die Arbeit als Produktionsleiter, die man ihm dort anvertraute, ihren Schwerpunkt im Kesselbau hatte. Dies war die schwierigste Abteilung von allen und für Iñaki eine motivierende Herausforderung. „Die Arbeiter des Kesselbaus waren hart, diskutierten und stritten sich gerne und streikten oft. Niemand konnte diese Leute bändigen. Deshalb übergab man sie mir, damit ich mich um diese Gruppe kümmern sollte. Ich war damals erst 25 Jahre alt, aber ich erinnerte mich an die Erfahrung, die ich im Unternehmen meines Vaters gemacht hatte, und sagte mir: 'Kein Problem. Ich kenne sie sehr gut und bin überzeugt, daß wir gute Freunde werden.'"

Unter seiner Obhut verwandelten sich die „Herren Arbeiter" so grundlegend, daß er bald mehr Zeit mit ihnen verbrachte als mit den übrigen Ingenieuren. Das war in jenen Jahren 1967 und 1968 durchaus nicht üblich, denn die Ingenieure wahrten immer noch Abstand zu den Arbeitern. Der Berufsweg der Ingenieure war imponierend, ihr Aussehen ebenso: Sie waren immer gut gekleidet und machten stets ein sehr nachdenkliches Gesicht. Die Arbeiter gehörten in die Werkshalle, die Ingenieure saßen oben in ihren Büros.

Arriortúa aber war überall zu Hause. Er kam in die Fabrik, zog sich den Blaumann an oder krempelte die Ärmel hoch und ging in die Werkstätten hinunter. Sofort stellte er Regeln auf – mit seinen beliebten Nummerierungen erstens, zweitens, drittens –, die er seinen Arbeitern übermittelte, und weil sie Iñaki als einen der ihren betrachteten, befolgten sie die Regeln, ohne aufzumucken. „Ich verstand mich zwar auch gut mit den Arbeitern, aber er war einer von ihnen", bemerkt Josu Sagastagoitia, der ehemalige Bürgermeister von Baracaldo und Direktor der Schule für industrielle Ingenieure von Biskaya, der mit ihm zu tun hatte, als beide ihren Beruf bei Westinghouse ausübten. „Es war schwierig, sich mit Iñaki nicht zu verstehen. Ich erinnere mich daran", fährt er fort, „daß es in der damaligen Zeit gar nicht normal war, daß ein Ingenieur im Blaumann in die Werkstatt hinunterging. Das öffnete ihm alle Türen. Wir übrigen Ingenieure hingegen gingen nur dann hinunter, wenn es unbedingt erforderlich war und dann auch nur im Anzug und mit Krawatte."

Die Methoden von López de Arriortúa erklären alles. Er lehrte die Arbeiter neue Techniken, um ihre Arbeitsbedingungen und ihren Arbeitsrhythmus zu verbessern. Und um die Arbeiter zu motivieren, führte er ein besonderes Rangsystem ein: „Ich ließ sie Prüfungen ablegen, und je nach den Ergebnissen, die sie bei diesen Prüfungen erzielten, machte ich sie zu Schweißern ersten, zweiten und dritten Grades. Wenn sie über das Niveau hinauskamen, erhielten sie eine kleine Prämie. Sie können sich nicht vorstellen, mit welcher Begeisterung und mit welchem Interesse alle Arbeiter gleich welcher Altersstufe bei der Sache waren. Jeden Freitag nahm ich die Prüfungen ab. Wenn einer der Arbeiter die Prüfung bestand, war das so, als hätte er im Lotto gewonnen. Um ihn

zu feiern, nahm ich 500 Peseten, von meinem Geld natürlich, denn das Unternehmen gab mir keinen Duro dafür, und
lud sie zu einigen Bierchen ein."

López ist außerordentlich unruhig und kann gut beobachten. Diejenigen, die ihn gut kennen, sagen: „Wenn man
mit Superlópez durch die Hauptstraße irgendeiner Stadt
geht, ist es möglich, daß er am Ende des Spazierganges in
der Lage ist, die Anzahl der Portale mit goldenem Türgriff
aufzuzählen." Sein Büro war oft sehr unaufgeräumt, der
Schreibtisch überhäuft mit Papieren und Schriftstücken, immer lag darauf als Hauptschmuckstück irgendein Werkzeug.
Wegen seines offenen Charakters, wegen seiner Dickköpfigkeit, wegen seiner Fähigkeit, die Leute mit seinen Erfindungen zu begeistern, wegen seiner ironischen Bauernschläue,
wegen der vielen Stunden, die er in Lagern und Werkstätten
verbrachte – und immer noch verbringt –, zogen ihn die In-
genieurkollegen bei Westinghouse auf und ahmten seinen
Dorfdialekt nach. Und schon damals war der harte Arriortúa
ein unermüdlicher Arbeiter – mit dem Nimbus eines Film-
stars.

4 Die oberste Doktrin: Arbeit

IÑAKI verbrachte viel Zeit damit, konzentrische Kreise auf einer Landkarte zu ziehen, um die Entfernung von seinem Haus in Amorebieta und den Unternehmen, in denen er arbeiten könnte, zu berechnen. Ein tiefes Gefühl der Verwurzelung in seiner Heimat und die Angst, sich davon zu entfernen, kennzeichneten sein damaliges Leben. Dies gilt heute immer noch, obwohl er ein Gegenmittel gegen sein Heimweh gefunden zu haben scheint. Als er in Detroit lebte und zu Besuch im Baskenland war, erklärte er dieses einfache Heilmittel: „Detroit und Amorebieta sind viele Kilometer voneinander entfernt, aber in meinem Herzen beträgt die Entfernung nur eine Sekunde." Damals, Ende der sechziger Jahre, hatte er dieses Mittel noch nicht gefunden. Cenemesa-Westinghouse in Erandio war gewiß keine schlechte Firma, aber López de Arriortúa geriet ins Träumen, wenn er den Namen Firestone hörte.

Denn, das Reifenwerk war nur zwölf Kilometer von seinem Heimatdorf entfernt, während er bis zu seinem derzeitigen Arbeitsplatz 25 Kilometer zurücklegen mußte. López wollte möglichst nahe bei seinem Wohnort arbeiten.

Ohne Beziehungen, mit viel Mut, aber auch einer gewissen Frustration versuchte er, eine Stelle bei dem Reifenwerk Firestone in Basauri zu bekommen. Die Betonung liegt auf „versuchen", denn er hatte nicht sofort Erfolg. Seine Überzeugungsfähigkeit, mit der Superlópez in den neunziger Jahren glänzte, war damals noch nicht so ausgeprägt. Firestone benötigte einen Ingenieur für den Technischen Kundendienst des Verkaufs, und es stellten sich zwei Kandidaten vor. Beide hatten ein Bewerbungsgespräch mit dem stellvertretenden Leiter dieser Abteilung, aber obwohl beide über die gleiche technische Ausbildung verfügten, war die Wahl einfach. „Es ist für uns ganz klar", erklärte der Verantwortliche für die Einstellung. „Beide sind ausgezeichnete Fachleute, aber einer von ihnen, López de Arriortúa, taugt nicht für den Verkauf. Seine Art zu reden, sein Akzent, seine ländliche Ausdrucksweise... ich glaube nicht, daß er die geeignete Person für diese Stelle ist."

Es war eine unvermeidliche, aber nicht endgültige Entscheidung. Der Bericht über das technische Fachwissen von Iñaki war so gut gewesen, daß Firestone ihn etwa ein Jahr später wieder anrief, weil eine andere Stelle zu besetzen war. López verpaßte diese Gelegenheit nicht. Elf Jahre lang reiften dort seine Ideen, die er später bei General Motors in die Tat umsetzen konnte, und er schrieb sie in dicken Handbüchern nieder (jeder Band hat mehr als 200 Seiten), geschmückt mit vielen naiven, aber didaktischen Zeichnungen, korrekt mit Schreibmaschine geschrieben und sorgfältig gebunden. „Das war", erklärte Superlópez, „das Ergebnis der ständigen Interaktion von Arbeitern und Intelektuellen hier in diesem Unternehmen. Und ich habe es an den Wochenenden aufgeschrieben."

Manchmal war es die Sekretärin, die die Gedanken des Chefs abtippte, in anderen Fällen war es Iñaki selbst, der zu nachtschlafender Zeit auf der Olivetti herumhackte. In einem Stil, der durch die Verwendung der ersten Person Plural gekennzeichnet ist, machte er sich Gedanken über seine berufliche Umgebung. Arriortúa erstellte eine sehr genaue Analyse der Situation von Firestone zu Beginn der siebziger Jahre:

> Es gab keine Forschungsabteilung. Und was noch schlimmer war, wenige waren sich über ihre Bedeutung im klaren. Die technologische Abhängigkeit des multinationalen, lizenzierten Unternehmens war allumfassend, und außerdem hatte sie nicht die Mehrheit der Aktien in der Gesellschaft. Man schickte dem Unternehmen alle Arten von technischen Spezifikationen, die man zu verwenden hatte.
>
> Und eine ernste Gefahr stand vor der Tür. Der technische Fortschritt war in den sechziger Jahren in Europa und in den USA sehr unterschiedlich verlaufen, wobei die europäischen Länder an der Spitze lagen (ein seltenes Beispiel) und die jeweils zweite Generation eines Produktes mit besseren Eigenschaften durch verbesserte Struktur und Technologie entwickelten. Da man nicht über eine eigene Forschungsabteilung verfügte und von der Technologie in den USA abhängig war, die sich für den europäischen Markt als ungeeignet erwies, war das Risiko sehr groß, und ein Irrtum konnte teuer zu stehen kommen.
>
> Die Direktion des Unternehmens hatte sich darum

bemüht, neue Maschinen zu erwerben, aber aufgrund der Enge wurden sie neben den alten Maschinen an den Orten aufgestellt, an denen noch Platz war oder in den wenigen Erweiterungsbauten, die möglich waren. Das Ergebnis war eine unlogische Anordnung mit einem Materialfluß, der weit entfernt vom Ideal war, und einem fast chaotischen Durchlauf. Daraus ergab sich eine erhöhte Anzahl von Arbeitskräften, die für den Abtransport und die Materialkontrolle der Produktion benötigt wurden, es entstanden aufgrund von fehlendem Material Produktionsverluste, und die Anzahl der schweren Arbeitsunfälle stieg an. Schließlich führte dies zu einer fehlerhaften Organisation, die ernste Probleme verursachte.

Es gab keine Abteilung zur wissenschaftlichen Untersuchung und Erprobung von Arbeitsmethoden, um z.B. unproduktive Arbeitsabläufe zu untersuchen. Es funktionierte nur eine Abteilung, deren einzige Aufgabe es war, die Zeit zu messen, die für eine bestimmte Arbeit benötigt wurde, und zwar nach der Methode, für die der Bediener sich entschieden hatte. Es war schon etwas Besonderes, wenn sein Vorgesetzter ihm dafür einige Anweisungen für rationelleres Arbeiten gegeben hatte. Und es war natürlich oft so, daß der Bediener langsamer arbeitete, wenn seine Zeit gemessen wurde, und danach schneller, um im Akkord mehr zu verdienen. Das Ergebnis waren Arbeitsmethoden, die weit entfernt vom Idealzustand waren, Verbesserungen verhinderten und für niedrige Produktivität und hohe Kosten verantwortlich waren. Aufgrund der Bedeutung des Faktors Arbeitskraft an den Gesamtkosten des Produktes war diese Situation, verbunden mit den inflationären Tendenzen bei den Gehältern, eine Gefahr für die Rentabilität der Gesellschaft in naher Zukunft.

Aber 1972 wurde Agustín Tellería zum Technischen Direktor von Firestone ernannt, und für Iñaki öffnete sich eine neue Welt. In einem seiner Handbücher spricht er begeistert von dieser Ernennung. Er kommentiert auch seine eigene Ernennung zum Leiter der Abteilung Arbeitsmethodik ohne falsche Bescheidenheit, direkt, wie man den folgenden Zeilen entnehmen kann: „Er änderte nur am Anfang etwas", schrieb Arriortúa über die Änderungen, die Tellería in dem Unternehmen durchführte. „Er schuf eine neue Abteilung zur Untersuchung von Arbeitsmethoden, an deren Spitze er einen jungen Produktionsingenieur mit Werkstatterfahrung setzte, der auch ein guter Psychologe war. Und wir begannen mit der Arbeit."

Iñaki sah sich selbst als „guten Psychologen" an. Er glaubte schon damals, die besondere Fähigkeit zu besitzen, Gruppen zu verstehen und sie zu organisieren. In einem anderen Absatz wird noch einmal auf diese Selbsteinschätzung eingegangen. Hier berichtet er über seine Überzeugung, daß er für diese Stelle der geeignetste sei: „Wie in allen Mannschaften gab es auch in dieser eine Person, deren Rolle darin bestand, die Aktivitäten der anderen Mitglieder zu koordinieren. Dies war der neue Leiter der Abteilung für Arbeitsmethodik, der die größte Menge an Informationen erhielt, sie weitervermittelte und der als Führungskraft das Profil eines Charismatikers oder eines Führers hatte."

Sein Führungsstil basierte auf fast revolutionären Ideen, z.B. „Autorität kommt von unten", begleitet von dem Prinzip, „daß es für die Direktion zwar wichtig ist, Konzepte zu entwerfen, aber daß die Realisierung fast alles ist." „Die Direktion muß sich auch um die Verwirklichung ethischer Werte bemühen. Deshalb müssen die zu erreichenden Ziele immer gerecht und effizient sein. Ein effizienter Direktor reicht uns nicht aus." Iñaki sprach für alle: „Wir wollen die Gerechtigkeit suchen und erreichen."

Um das zu erreichen, schlug er eine Reihe von allgemeinen Regeln vor. Alle Angestellten – unabhängig von der Hierarchieebene – müssen sich an konstruktive Kritik gewöhnen. Sie müssen aufhören, alle von der eigenen Meinung abweichenden Äußerungen zu ignorieren. Wenn sie immer nur die Positionen gelten lassen, die der eigenen entsprechen, werden alle Probleme und Vorgänge nur einseitig erfaßt und behandelt. Wem dies zu theoretisch war, dem konnte Iñaki auch verschiedene praktische Instrumente zeigen: das Programm „Grünes Licht für Ihre Vorschläge", das Programm „Sag' es doch" oder die Veröffentlichung eines

Nachrichtenblattes und einer monatlichen Zeitschrift.

Aber was Iñaki wirklich Sorgen bereitete, war die Tatsache, daß die Leute ihre Zeit verschwendeten. Seine Besessenheit von der Arbeit war so ausgeprägt, daß er ganze Handbücher mit genauen Berechnungen über Stunden, Gehälter und Leistungen von Arbeitern füllte, immer auf der Suche nach dem besten Prozentsatz, der totalen Produktivität. Er wagte es sogar, den Leser seiner Doktrin dazu einzuladen, doch die gleichen Berechnungen in seinem Unternehmen auch anzustellen. Er war und ist ein Antreiber, aber er verkleidet seine Botschaft mit fast priesterlichen Argumenten:

Es gibt kein größeres soziales Verbrechen, als unter dem Niveau unserer Fähigkeiten zu arbeiten. Damit schädigen wir ernsthaft die untersten sozialen Klassen; denn ... wenn man nicht bereit ist, seinen Beitrag für die Gemeinschaft zu leisten, werden die Gemeinschaftsgüter immer knapper und unerreichbarer für die Menschen, deren wirtschaftliche Lage sehr bescheiden ist.

Es handelt sich nicht darum, daß man sich zu Tode schuften soll, sondern darum, daß jeder von uns der Gemeinschaft die größtmögliche Menge an Arbeit zur Verfügung stellt. Das bedeutet, keine Zeit zu verschwenden oder nicht zu schwindeln, um über das normale Maß hinaus während der Arbeitszeit ein Schwätzchen zu halten oder zu rauchen. Viel Energie geht in diesem Zusammenhang verloren, was niemandem nützt und die armen Haushalte schädigt, denn dies hindert sie daran, ihren Lebensstandard in angemessenem Verhältnis zu verbessern.

Es ist natürlich klar, daß derjenige, der nicht arbeiten will, immer eine Ausrede findet. Zum Beispiel: „Die Fabrik gehört doch nicht mir", „Für wen gehe ich arbeiten, für andere...", „Bei der schlechten Bezahlung...", „Die Direktoren sollen arbeiten für das viele Geld, das sie verdienen...", „Sie saugen mir das Blut aus den Adern...".

Und er führt immer dramatischere Argumente an und beschwört Katastrophen herauf:

Der Mensch vergißt schnell die Vergangenheit und möchte die Augen vor der heutigen Welt verschließen. Die Hälfte der heute auf der Welt lebenden Menschen ist unterernährt. Die tausendfache Misere der Menschheit besteht in einigen Kontinenten fort. Wir selbst haben unser eigenes Unglück vergessen, weil es uns gelungen ist, die schlechten Jahre der Nachkriegszeit mit dem einzigen Mittel, das wir hatten, zu überwinden: mit der Arbeit. Und es sieht so aus, als würden wir wieder dahin zurückkehren. Denn nur die Arbeit, die darauf abzielt, die Gesamtproduktivität zu steigern, erlaubt es weltweit Männern und Frauen, ihren Lebensstandard zu verbessern ... Wir sind Komplizen der Tragödie einer an den Rand gedrängten Menschheit, wenn wir unter unseren Möglichkeiten arbeiten...

Und jetzt muß man es sehr klar und deutlich sagen: In unserem Land (Spanien) wird immer weniger gearbeitet. Die Arbeit wird verachtet und bekämpft. Und damit machen wir uns zu Komplizen einer Situation, in die uns diese Einstellung gegenüber der Arbeit führen wird, und gleichzeitig begehen wir ein schweres soziales Verbrechen. Das Land wird auf diesem Weg in den Bankrott getrieben, und es entsteht eine längst vergangen geglaubte Situation, die viele von uns leider vergessen haben. Und alle Ausreden, die wir suchen, sind nichts anderes als Ausreden. Sie dienen keinem praktischen Zweck.

Ich habe unsere Schwestergesellschaften in Frankreich, in der Schweiz und in Nordamerika besucht. In Frankreich arbeitet man mehr als wir, mit mehr Aktivität und mit mehr Hingabe. In der Schweiz arbeitet man mehr als in Frankreich und in Nordamerika mehr als in der Schweiz und in Frankreich zusammen. Dies können alle unsere Landsleute bestätigen, die emigrieren mußten, um in den Fabriken anderer Länder zu arbeiten. Alle sagten übereinstimmend: „Dort wird hart gearbeitet, warum hier nicht?"

Auch in unserem Lande ist viel gearbeitet worden, und es gibt immer noch Bereiche und Personen, die dies tun, aber der Durchschnittsbürger hat die Lust an der Arbeit verloren, und seine überflüssigen Energien verwendet er jetzt dazu, sinnlose Tätigkeiten zu verrichten, so daß wir alle in Rückständigkeit und schlechte Zeiten versinken werden. Dies muß sich ändern, und zwar schnell, denn es bleibt uns nur noch wenig Zeit.

Über die Tatsache hinaus, daß wir weniger aktiv als in anderen Ländern arbeiten, arbeiten wir auch noch weniger

Stunden als dort. Ja, weniger Stunden. Das Gespenst der 44-Stunden-Woche oder 42 oder 40 hat uns alle betrogen. Mit den Feiertagen, die wir haben, und den offiziellen und vorschriftsmäßigen Pausen, die wir jeden Tag in Anspruch nehmen - ohne die inoffiziellen Pausen während der Arbeitszeit mitzuzählen -, kommen wir zu dem Ergebnis, daß am Ende des Jahres die gesamte Anzahl an Nettoarbeitsstunden in unserem Land am niedrigsten ist.

Arriortúa war in der Lage, viele Seiten über die Anstrengung und die Notwendigkeit einer optimalen Zeitausnutzung zu schreiben. Er informierte sich darüber, wieviele Nettoarbeitsstunden im Jahre 1967 in den verschiedenen Ländern geleistet wurden: Japan, der „Feind", der heute Superlópez den Schlaf raubt, führte die Liste mit 2000 Stunden an. Dann folgten die Vereinigten Staaten (1997), die Schweiz (1933), Portugal (1920), England (1820), Spanien (1815) und Italien (1763). Diese Zahlen geben seinen Worten noch mehr Gewicht, und mit der Statistik in der Hand wettert er von neuem gegen die nationale Faulheit:

> Wir müssen uns diese Situation bewußt machen. Der Staat und die Führungskräfte müssen noch mutiger werden, und keine Vogel-Strauß-Politik verfolgen. Wenn wir trotz dieses Wissens nicht reagieren, uns nicht ändern, der Gemeinschaft nicht unsere maximale Arbeitskraft zur Verfügung stellen, dann hat unser Land das Nationalbewußtsein verloren, und dann brauchen wir nur noch abzuwarten, bis das Debakel kommt. Bei dem Konzert der Nationen werden wir dann nicht mehr mitspielen. Unser Leben wird traurig und hart sein, unsere Kinder werden uns verachten, weil wir nicht die erste Pflicht aller Menschen erfüllt haben: entsprechend unseren Möglichkeiten zu arbeiten... Wenn wir von der Notwendigkeit, entsprechend unseren Möglichkeiten zu

arbeiten, überzeugt sind, wird es keine Qualitätsverluste wegen nachlässiger Arbeit und keine hohen Unfallquoten mehr geben, auch der unerträglich hohe und beschämende Prozentsatz an Fehlzeiten wird sinken.

Aber José Ignacio López de Arriortúa vergaß dabei nicht die Gesundheit der Arbeiter und konstruierte für sie ein Modellwerk. Er sagte: „Die Ergonomie in den Abteilungen eines Unternehmens muß sich ebenso entwickeln, wie die technologischen Entdeckungen in den Bereichen der Zukunft (Luftfahrt, Raumfahrt, usw.) die klassischen Industriebereiche erobern." Und worin besteht sein Projekt? Es geht von fünf Prämissen aus:

1. Die Fabrik darf keine Baracke sein, denn es arbeiten Menschen darin.
2. Eine gute Bezahlung für „gute Leistungen" muß für alle Mitarbeiter gelten.
3. Es muß ein reibungsloser Ablauf der Arbeitsprozesse möglich sein.
4. Wartungsarbeiten müssen leicht und bequem auszuführen sein.
5. Die Herstellung von Gütern muß „ohne Gedränge und ohne Stauungen" erfolgen.

Er fing vorne bei der Eingangstür der Fabrik an. In einem seiner früher geschriebenen Handbücher schlug er Türen vor, „die windgeschützt und von außen gut sichtbar sind. Sie müssen sich nach außen öffnen lassen und in unmittelbarer Nähe des Umkleideraumes liegen." Was die Breite der Tür angeht, so berechnete er mindestens 1,20 m bei weniger als 50 Arbeitern, und pro 50 Arbeiter mehr muß man 0,50 m hinzufügen, wenn es keinen anderen Eingang in weniger als 45 m Entfernung gibt. Wenn man einmal im Inneren ist, muß es nach Arriortúa einen Hauptgang geben mit einer empfohlenen Breite von 3 m oder von 1,50 m, falls es sich um Nebengänge handelt. Die Mindestarbeitsfläche pro Mitarbeiter muß 8 m² betragen. Die Raumtemperatur muß in den Büros 22°C betragen, 20°C in den Wohnungen, 18°C in den Lagern und 15°C in den großen Werkshallen.

Iñaki legte großen Wert auf Konstruktionen, die eine ideale Raumtemperatur ermöglichen. Neben Maßnahmen wie Isolierung der Wände, Dächer und Böden und den Einbau von guten Heizungen und Klimaanlagen schlug er die „Einrichtung von Ausgabestellen für Getränke vor. Die Arbeiter sollen den Schweißverlust kompensieren, denn in gleichem Maße wie der Körper Wasser verliert, sinkt die Produktionskapazität." Er erwähnt ebenfalls die erlaubten Grenzwerte für Lärm. Er spricht sich unter anderem dafür aus, das „Eindringen von Lärm von außen in das Gebäude durch die Konstruktion und Anordnung der Wände, Fenster und Türen zu verhindern."

Und er beendet seine Ausführungen mit einer Schlußfolgerung, die eine fatalistische Note hat, aber dennoch wahr ist: „Der Arbeiter befindet sich, wenn er durch die Eingänge in das Innere der industriellen Fabrik gelangt und sich seinem Arbeitsplatz nähert, inmitten eines physikalischen Raumes, in dem er ein Drittel seines ganzen Lebens verbringt."

5

Wie Isidoro seinen Lebensweg kreuzte

M IT seiner besonderen Art nahm López vor allem seinen Chef Agustín Tellería für sich ein. Außerdem zeigte seine Führungsarbeit auch Ergebnisse. Sein erfinderischer Charakter brachte ihn dazu, den „Arribelt" zu konstruieren, einen Reifen, den er patentieren ließ, der aber niemals zum Einsatz kam. Im Jahre 1974 hatte Iñaki die Gelegenheit, seine Überzeugungsfähigkeit unter Beweis zu stellen. Firestone wollte die sogenannte „automatische Produktionskontrolle" einführen, die hauptsächlich aus einem Computer und einer Datenausgabe für die Dokumentation bestand, um die Prozeßzyklen der Maschinenarbeit aufzuzeichnen. Dieses System, das López de Arriortúa anstrebte, würde es erlauben, alle wichtigen Informationen über die

Materialien im Herstellungsprozeß zu speichern, natürlich mit der notwendigen Vorlaufzeit, um ihre Qualität oder ihr Fehlen anzukündigen, damit man rechtzeitig reagieren und somit ein Anhalten des Fertigungsablaufes vermeiden konnte. Es ging also darum, die Prozeßzyklen zu registrieren, um sie zu kontrollieren und zu optimieren; „die individuellen Meldungen über die Arbeit durch den Bediener ohne Möglichkeiten von Irrtümern und Betrug" aufzuzeichnen; genaue Berichte über Daten der Produktion, der Verluste, des Inventars zu sammeln und aufzuzeichnen, die so zuverlässig sind, daß die Direktion damit Entscheidungen treffen kann; die Gehälter automatisch auszuzahlen sind, ohne daß Personen eingreifen müssen; und auch darum, „vor irgendeiner Arbeitervertretung die Ehrlichkeit der Leistungsanforderungen" zu beweisen.

Mit diesem Entwurf reiste Arriortúa in die Vereinigten Staaten, sprach mit Amerikanern und Japanern und kehrte mit einem System, das seinen Vorstellungen entsprach, nach Spanien zurück. Er war so voller Enthusiasmus, so sicher über das, was er vertrat, daß sogar Tellería ihm überwältigt zuhörte. „Gut, Iñaki", sagte er, „ich habe entschieden, daß du dies dem Aufsichtsrat des Unternehmens vorstellen sollst."

Dieser Rat, der von den höchsten Vertretern der oberen Gesellschaftsschicht gebildet wurde, konnte seine Überraschung nicht verbergen, als er an dem langen Versammlungstisch saß und einen „Mann aus der Provinz" über „MRP" – Manufacturing Resource Planning (für automatische Produktionsplanung in einem Regelkreis von Absatz und Kapazität) sprechen hörte. „Sie schauten mich an, als ob sie sagen wollten: 'Wen hast du uns denn da angeschleppt?'" erinnert sich Tellería. Heute ist es eine Anekdote, daß sich die höchsten Berater von Iñaki überzeugen ließen, daß das, was er in seinem ländlichen Tonfall verkaufen wollte, so wie ein Bauer seine Tomaten verkauft, das beste Konzept der Welt war.

Es wurde entschieden, die Maschinen zu kaufen, und Ende 1974 wurden sie bei Firestone installiert. Aber eine Gruppe von Arbeitern widersetzte sich mit Gewalt der sogenannten automatischen Produktionskontrolle, weil sie glaubten, daß dieses System ihre Leistung kontrollieren sollte. Was ein Erfolg werden sollte, drehte sich von Anfang an ins Gegenteil um. Andere Ereignisse kamen hinzu, und die Frage um die automatische Produktionskontrolle entfachte den schwersten Arbeitskonflikt, der in Spanien im Jahre 1975 stattgefunden hatte. Er war auch der bedeutendste sowohl aufgrund seiner Länge (72 Tage Streik) als auch aufgrund der Anzahl der streikenden Arbeiter (ungefähr 2000). Auch das Ende war überraschend, denn die Arbeiter kehrten an ihre Plätze zurück, ohne daß irgendeiner entlassen wurde.

Nach einem Bericht, der von einem Arbeiter des Unternehmens geschrieben und in dem Monatsblatt „Nuestra Lucha" (Unser Kampf) veröffentlicht wurde, begann das Problem Anfang August 1974, als „eine gewisse Unruhe" zu beobachten war und zwar „aufgrund der neuen Regelungen für die Chemieindustrie, in der eine Neuverhandlung der Betriebsordnung innerhalb von sechs Monaten vorgesehen war. Für die Ausarbeitung war eigentlich die Beteiligung der Arbeitnehmervertretung erforderlich." Dieser Forderung wurde nicht Folge geleistet, und die Situation verschärfte sich im Laufe der Monate bis zu dem Moment, als das Unternehmen am 28. Januar 1975 geschlossen wurde, 2000 Arbeiter ausgesperrt wurden und somit keinen Lohn mehr erhielten.

Am 6. Februar teilte Firestone über einen Anschlag am Schwarzen Brett den Arbeitern die Möglichkeit mit, daß sie stufenweise ihre Arbeitsplätze wieder einnehmen könnten. „Nach einer heftigen Debatte in der Versammlung", heißt es in dem von „Nuestra Lucha" veröffentlichten Bericht, „und angesichts des Risikos, daß einige Kameraden nicht mehr wieder eingestellt werden würden, entschied man sich, wieder zur Arbeit zurückzukehren, unter der Bedingung, daß alle Arbeiter bis zum 11. Februar wieder eingestellt werden oder zumindest ihre Einstellungsbriefe erhalten haben müßten. Andernfalls würde man den Streik wieder aufnehmen."

Am 19. Februar wurden definitiv 16 Arbeiter von Firestone entlassen. Unter dem Motto „alle oder keiner" gab es ab dem 27. Februar wiederholte Auseinandersetzungen zwischen der Polizei und den Streikenden. Sogar 1000 Arbeiter der Fabrik von Firestone in Burgos schlossen sich dem Streik an. Am 13. März, nach vielen Wochen höchster Spannung, fand die Gerichtsverhandlung der 16 Entlassenen vor dem Arbeitsgericht von Biskaya statt. In diesem Moment trat der damalige Anwalt Felipe González, alias Isidoro, auf den Plan, der mit Brillanz die Thesen der Arbeiter verteidigte.

In den letzten Tagen im März erklärte das Arbeitsgericht die Entlassungen zugunsten der Arbeiter für ungültig. Die Entscheidung wurde von den Streikenden mit Begeisterung aufgenommen, und dem Unternehmen, das nicht glauben konnte, was geschehen war, blieb nichts anderes übrig, als die Arbeiter wieder einzustellen. „Wir haben den Streik verloren, weil wir den Fehler begangen haben, nicht herauszufinden, wer dieser Rechtsanwalt war. Wir haben ihn unterschätzt. Wir dachten, er wäre nur ein junger Mann, ein einfacher Anwalt, der gerade seine Laufbahn begonnen hat", erinnert sich heute Tellería. Als González zu sprechen begann, war bereits alles klar. „Wir haben verloren", lautete der Kommentar der Anwälte von Firestone.

Felipe González, der damalige Arbeiteranwalt und heimliche Generalsekretär der PSOE (Partido Socialista Obero Español; sozialistische Arbeiterpartei Spaniens) war kein Dummkopf vom Lande. An der Seite der ebenfalls sozialistischen Anwälte Ana María Ruiz Tagle und Rafael Escuredo verbrachte er einige Zeit damit, bei „den Gerichtsverhandlungen der Armen" erfolgreich zu intervenieren. Trotz seines ein wenig unordentlichen Aussehens (er trug immer Jeans und hatte lange Haare) und obwohl er die liberale Unabhängigkeit des Anwaltsberufes forderte und nur Arbeiter verteidigte, schaffte er es, mit seiner Stärke und seinen analytischen Fähigkeiten zu imponieren. „Die Form, mit der Felipe González die Verteidigung in seinen Verhandlungen führte, war bis zu einem gewissen Punkt revolutionär, und einige Ergebnisse waren überraschend. Bis jetzt kamen die Anwälte logischerweise immer tadellos gekleidet. Aber Felipe kam oft in einer Lederjacke in den „Saal der Togas" und war unrasiert. Es handelte sich dabei nicht um Provokation: Wir wußten alle, daß er abwechselnd im Rinderstall seines Vaters und in seinem Anwaltsbüro arbeitete", erklärt ein ehemaliger Beamter des Gerichts von Sevilla.

Felipe González warf dem Enthusiasten José Ignacio López de Arriortúa Knüppel zwischen die Beine warf – im übertragenen Sinne natürlich. Jene Schlacht hatte Isidoro gewonnen, weil die automatische Produktionskontrolle schließlich nicht eingeführt wurde (Anm.: Deutsche Betriebsleiter kennen dieses Problem, da die Produktionsdatenerfassung mitbestimmungspflichtig ist). Aber Iñaki ließ sich nicht einschüchtern und bestand weiterhin auf der Reduzierung der Zeiten und der Verbesserung der Arbeitsmethoden.

1977 wurde Agustín Tellería zum Generaldirektor von Firestone ernannt, doch Arriortúa wurde nicht Direktor. Iñaki fühlte sich übergangen, denn in seinem tiefsten Inneren strebte er nach diesem Posten, und er glaubte fest daran, daß er dieses Ziel erreichen würde. Allerdings wurde er Tellerías Stellvertreter. „Mein Assistent", faßt Tellería zusammen, „ist zuständig für die gesamte Organisation des Unternehmens." Aber dies war nicht dasselbe. Überaus ehrgeizig, schmerzte ihn diese Entscheidung aufs äußerste. Der Ingenieur von Etxano sehnte sich nach Entscheidungsfreiheit und fühlte sich durch die „Wände" seiner Firma immer mehr eingeengt. Er wollte selbständig Entscheidungen treffen.

In dieser Zeit begannen die ersten Kontakte mit den Headhuntern von General Motors. Es war am Sonntag, dem 23. November 1979, um 20 Uhr bei einem Gespräch, das im Hotel Meliá Castilla in Madrid stattfand, als man ihm die Produktionsleitung des Werkes, das GM in Figueruelas (Saragossa) bauen wollte, anbot. Der Mann, den das gigantische Automobilunternehmen damit beauftragt hatte, Kontakt mit Arriortúa aufzunehmen, prüfte zwei Stunden lang sein Fachwissen und seine Führungsqualitäten. Die äußerst gründliche Prüfung endete mit einer optimistischen Versicherung: „Es ist sehr gut möglich, daß Sie als Managementdirektor bei GM in Saragossa anfangen können." Diese Worte schlugen bei Superlópez wie eine Bombe ein. „Aber das interessiert mich nicht! Ich möchte das Baskenland nicht verlassen. Hier fühle ich mich phänomenal."

Iñaki dachte über den Vorschlag nicht lange nach, sondern lehnte ab. Von „Zuhause" wegzugehen war immer noch ein unüberwindbares Hindernis. Immer häufiger rief man in Busturia an und hinterließ bei Margari folgende Nachricht für ihren Mann: „Sagen Sie Ihrem Mann, daß ich von General Motors bin, daß wir eine Niederlassung in Spanien gründen werden und ihn in Saragossa einstellen wollen."

„Also, wenn er noch einmal anruft", sagte López zu seiner Frau, „dann sagst du ihm, daß ich nicht im Traum daran denke. Ich bin doch nicht verrückt und gehe von Busturia weg."

Er erzählte seinem Chef davon, und dieser machte ihm freundschaftlich, aber mit einem verärgerten Unterton Vorwürfe wegen seiner Haltung. „Aber Iñaki, was bist du nur für ein Dummkopf! Das ist das größte Unternehmen der Welt! Mir wirst du fehlen, aber als Freund bleibt mir nichts anderes übrig, als dir diesen Wechsel zu empfehlen. Es handelt sich um eine Fabrik, die bei Null anfängt. Außerdem bist du jung und im besten Alter. Es ist ein Unternehmen, das wachsen wird, und du wirst am Ende Präsident von GM Spanien werden." Das mit dem Präsident von GM Spanien sagte Tellería, ohne es wirklich ernst zu meinen. Wie hätte er damals wissen können, daß dieser Traum noch gar nichts war angesichts der Position, die der Mann mit dem Spitznamen Superlópez heute einnimmt. In diesem Gespräch gelang es Tellería, seinen Assistenten schließlich mit einigen ermutigenden, fast väterlichen Worten zu überzeugen: „Du weißt ja, daß die Türen von Firestone dir immer offen stehen, wenn es dort nicht so gut verlaufen sollte."

López zog mit Margari und seinen drei Töchtern nach Saragossa um. Es war im Jahre 1980, Iñaki verdiente als Direktor des Bereichs Industrial Engineering bei GM España bereits ein Jahresgehalt von rund 7 Millionen Peseten (ca.

74 000 DM). Sie ließen sich in einer Landhausgegend nieder, und die Familie gewöhnte sich an die Umgebung. Jeden Freitag machten sie sich mit dem Auto auf den Weg nach Busturia mit Zwischenstop in Haro, wo seine Mutter ein Haus besaß. Am Sonntag fuhren sie dann wieder zurück. Die Erinnerung an seine Kindheit und an seine Reagenzgläser bewogen ihn eines Tages, gleichsam ein Experiment zu machen, nämlich sein Heimweh und das seiner Familie auf die Probe zu stellen.

„Hör mal, Margari, was meinst du, wenn wir dieses Wochenende in Saragossa bleiben?"

„Einverstanden", antwortete seine Frau.

Am Freitag beim Abendessen der Familie war es zum ersten Male sehr ruhig. Man mußte nicht die Koffer packen. Früh wurden im Haus der Familie López de Arriortúa die Lichter ausgemacht. Aber es stellte sich heraus, daß diese Nacht, in der die Arriortúas ihr Heimweh auf die Probe stellen wollten, nicht gerade die geeignetste Nacht war. Eine undichte Gasleitung in der Nachbarschaft zwang sie plötzlich dazu, ihre Pläne zu ändern. Ein Gemeindepolizist warnte alle Anwohner und forderte sie auf, ihre Wohnungen zu verlassen. Er klopfte auch an die Tür der Arriortúas und überbrachte die Nachricht. Iñaki brauchte nicht lange zu überlegen. Es war noch keine Minute vergangen, da war die Entscheidung getroffen: „Margari, pack die Koffer, wir fahren nach Hause."

6 Die schönsten Augen der Welt

MARGARI, wir gehen nach Deutschland." „Margari, wir fahren nach Detroit." „Margari, pack die Koffer, wir fahren nach ..."

„Margari, gib mir den Reisepaß", sagte Superlópez einmal zu seiner Frau einige Stunden, bevor er verreisen wollte, wahrscheinlich zu einem Unternehmen, das dringend sein PICOS benötigte.

„Einen Moment, ich suche ihn", antwortete sie. Und sie suchte in den Schubladen, in den Schränken, zwischen den Papieren, aber sie konnte ihn nicht finden. „Ich weiß nicht, wo ich ihn hingelegt habe. Ich glaube, du hast ihn. Erinnerst du dich nicht daran, daß ich ihn dir das letzte Mal gegeben habe, damit du ihn behältst?"

„Aber nein, Margari. Du hast ihn. Schau bitte noch einmal nach."

Da der Paß nicht auftauchte, beschlossen sie, schnell einen neuen ausstellen zu lassen. Innerhalb einiger Stunden
hatte López de Arriortúa das Dokument, und es blieb noch
genügend Zeit, um das Flugzeug zu erreichen. Einige Wochen später dasselbe Lied.

„Margari, gib mir den Reisepaß..."

Margari suchte ihn und fand den alten Reisepaß – der
neue war für immer verschwunden. Aber im Hause der Familie López gehörten diese Zerstreutheiten zum täglichen Brot.
Man sagt, daß Margarita Urquiza die perfekte Ergänzung
von Superlópez ist, daß einer für den anderen wie geschaffen
sei. Margari folgte ihm ohne Widerspruch von einem Ort
zum anderen, sogar wenn die Situation sie dazu zwang, ein
Land Hals über Kopf zu verlassen. Deshalb schließen es diejenigen aus, die den Vater des PICOS gut kennen, daß es
Margari war, die ihn dazu gedrängt hat, Detroit den Rücken
zu kehren. Margari akzeptierte alles mit Hingabe und Klug-
heit, was ihr Mann entschied. Iñaki erzählte bei einer Gelegenheit, wie seine Abende in Detroit aussahen: „Ungefähr
um acht Uhr abends komme ich nach Hause zurück. Dort
bleibt mir nur die Zeit, ein Weilchen in den Zeitungen zu lesen, die wichtigsten Ereignisse des Tages Margari zu erzählen und ihre Ratschläge anzuhören, um den folgenden
Tag besser verlaufen zu lassen ..."

„Gibt sie Ihnen viele Ratschläge?" fragte der Journalist.

„Ja. Sie ist eine Künstlerin."

„Eine Künstlerin mit den schönsten Augen der Welt."
Dies waren die knappen Worte, mit denen Iñaki sie seiner
Mutter beschrieb, als er ihr das erste Mal von Margari er-
zählte. Sie lernten sich 1966 beim Abschlußfest seiner Aus-

bildung kennen. Sie begannen miteinander auszugehen, gemeinsam am Strand von Laida entlang zu wandern... Jemand aus Amorebieta erzählte Iñakis Mutter die Geschichte. „Eines Tages sagte Teresa, meine Nachbarin, zu mir: 'Weißt du, daß Josin eine Freundin hat?' Ich stellte mich dumm und sagte, daß ich es nicht wüßte. 'Es ist die Tochter des Bürgermeisters von Busturia, und außerdem ist sie bestimmt reich', sagte sie zu mir. Und ich sagte: 'Dann gefällt sie mir. Wenn sie reich ist, um so besser, denn hier schuften wir uns wegen des Geldes noch zu Tode.' Eines Tages wandte ich mich an meinen Sohn und sagte zu ihm: 'Josin, man hat mir gesagt, daß du eine Freundin hättest.' Und er antwortete: 'Ja, ich habe eine Freundin mit den schönsten Augen der Welt.'"

Als Iñaki Margari das erste Mal sah, dachte er sicherlich: „Die gehört zu mir." Und als die Mutter sich der Tiefe der Gefühle ihres Sohnes gegenüber der jungen Frau aus Busturia versichern wollte, hörte sie eine Antwort, die dem Dickkopf, der Superlópez bereits damals war, würdig war.

„Hör mal", fragte ihn seine Ama, „bist du sicher, daß sie die Frau deines Lebens ist?"

„Wenn ich nicht sie heirate, dann werde ich mich mit keiner anderen verheiraten."

Und so war es. Nach dreijähriger Verlobungszeit heiratete das Paar am 14. November 1969. Sie heirateten in der Pfarrkirche Virgen del Carmen de Larrea in Amorebieta. Bei dieser Feier sprang Superlópez einmal über den Schatten seiner Grundsätze und zwang sich geradezu dazu, ein wenig Champagner zu trinken. Auf der Hochzeitsreise fuhren sie durch Andalusien und besichtigten die Hauptstadt Spaniens. Nicht im Zug, nicht im Bus, nicht im Flugzeug – nein, mit dem Auto. So heiratete die Tochter des Bürgermeisters von Busturia und Kapitäns der Handelsmarine, was zu jener Zeit laut Arriortúa „gleichbedeutend mit viel Geld besitzen" war, und teilte von nun an ihr Leben mit dem Sohn von José und Eugenia. Den Namen „Triumphator" weist López diplomatisch und wahrscheinlich auch, weil er nicht in die Nähe eines Demagogen gerückt werden will, zurück: „Ich fühle mich wie ein Arbeiter, wie ein ganz normaler Mann." Er ist bereits seit mehr als 20 Jahren mit Margari verheiratet, und man sagt, daß er in sie immer noch so verliebt sei wie am ersten Tag. Wenn man López de Arriortúa fragen will, was er auf eine einsame Insel mitnehmen würde, verliert man nur seine Zeit: „Margari."

Das Ehepaar hat drei Töchter: Irene, 22 Jahre alt, die ihre Ausbildung in den Vereinigten Staaten beendet hat (Ingenieurwesen und Marketing) und die derzeit bei Volkswagen arbeitet; Begoña, die gerade dabei ist, das gleiche Studium wie ihre Schwester Irene, ebenfalls in den USA, abzuschließen; und die Jüngste, Maite, 17 Jahre alt, die gerade das Abitur in Deutschland macht. Wenn der Vater schon schlau ist, so sind seine Töchter Wunderkinder, so sagen diejenigen, die die Familie gut kennen. Wie ihr Aita, erklären die drei Töchter das PICOS-Konzept anderen Unternehmen im Baskenland – besser gesagt, sie erklärten dies. Das System, das sie derzeit anwenden, hat einen anderen Namen. In diesem Punkt herrscht Einigkeit. Aber wenn es um den nächtlichen Ausgang der Töchter geht, dann wird um jede Stunde mit dem Vater gefeilscht.

López de Arriortúa umgibt sich gerne mit einer treuen Mannschaft, von der er weiß, daß sie ihm begeistert folgen wird. Zu López' Assistenten gehören seine älteste Tochter und deren Verlobter, ein Holländer namens Willem. Irene, die wahrscheinlich auch ihren Verlobten „angesteckt" hat, wird für die geeignetste Nachfolgerin in bezug auf die Philosophie ihres Vaters gehalten.

Irene und Willem haben sich in Detroit kennengelernt, wo Willem bei General Motors arbeitete.

López zögert keinen Augenblick, wenn es darum geht, jemandem eine Bitte zu erfüllen, z.B. einen kurzen Kommentar über ein Arbeitsthema niederzuschreiben und an den Anforderer zu schicken, vor allem dann, wenn es sich um einen Arriortúa handelt oder um jemanden aus seinem intimsten Kreis. „Ich mache alles, was ich kann. Und ich hoffe, daß ich auch weiter so handeln werde."

Superlópez hat viel von einem geistigen Führer. Seine Mitarbeiter in dieser kompakten Mannschaft von sieben oder acht Personen, die Hand in Hand mit der Führungskraft arbeiten, folgen ihm mit geschlossenen Augen. Alle sind praktizierende Katholiken, und es gibt sogar einen, der, wenn man ihn über die dritte industrielle Revolution befragt, für die José Ignacio López de Arriortúa eintritt, das Aktionsfeld noch über die Automobilindustrie hinaus ausdehnt: „Es ist mehr als eine industrielle Revolution; es ist eine Revolution, die alle Lebensbereiche betrifft."

„Er übt auf uns eine Art magnetische Anziehungskraft aus. Er hat eine Ausstrahlung, die man nur schwer erklären kann, vielleicht wegen seiner Art zu sprechen, sich auszudrücken... Er legt keinen Wert auf Distanz, und in einem ganz normalen Ton gelingt es ihm, die Leute anzutreiben. Ich würde sagen, er ist der Geist, und wir sind die Mannschaft", erklärt José Manuel Gutiérrez, die rechte Hand von Superlópez bei Volkswagen (sein Büro befindet sich gegenüber der Einkaufsabteilung) und enger Mitarbeiter seit 1985. Natürlich trägt er die Uhr am rechten Handgelenk (eine Empfehlung von López als äußeres Zeichen, um sich an die zukünftigen Ziele und die noch nicht erledigten Aufgaben zu erinnern), und er befolgt um jeden Preis die „Diät der Krieger." „Ich habe zehn Kilo abgenommen", sagt José Manuel Gutiérrez.

Tatsächlich hat das Handbuch, in dem verschiedene Empfehlungen für die Ernährung gesammelt sind, den Titel „Wie sich ein tapferer Krieger ernährt (Anhang II)". Dieser Titel, der mehr an einen Film über mutige Männer, an Mantel- und Degenfilme oder Western erinnert, läßt sich durch zwei Grundsätze rechtfertigen: Iñaki nennt die Mitglieder seiner Mannschaft „Krieger" und glaubt außerdem, daß es einen direkten Zusammenhang zwischen der Ernährung und der beruflichen Leistungsfähigkeit gibt. Die Idee kam Arriortúa nach der Lektüre eines Buches mit dem Titel „Wie man bei Geschäftsessen abnehmen kann". Das Thema interessierte ihn an sich, aber der Ansatz in dem Buch erschien ihm nicht komplett. „Es ist ein Buch mit vielen Fehlern", kommentierte er es bei einer Gelegenheit vor mehreren seiner Assistenten bei General Motors Europa. Einige Tage später mußte Superlópez nach Detroit reisen. Dabei nutzte er die ungefähr acht Stunden Flugzeit (16, wenn man den Rückflug mitzählt) und schrieb in ein kleines Heft alle Fehler, die er bei der ersten Lektüre entdeckt hatte. Als er nach Deutschland zurückkam, hatte er bereits in groben Zügen ein Handbuch entworfen, das in zwei Kapitel aufgeteilt war und das nach seinem Verständnis das Buch über die Arbeitsessen vervollständigte und verbesserte. Monate später, als er bereits in Detroit war, war er über das schlechte Essen dort und über das Übergewicht des größten Teils des Personals entsetzt. Deshalb veröffentlichte er eine zweite Ausgabe in Englisch, ergänzt mit neuen Empfehlungen und Ideen, die er einem anderen Buch über Schlankheitsdiäten entnommen hatte. Seine engsten Mitarbeiter Buhl, García, Geysen, Goller, Gutiérrez, Heuss, Van der Auwera, Taylor, Fozzati, Andersson, Gildea, Jetter, Koskinen, Marques, Ulacia und Schmirler erhielten sofort ein Exemplar.

Auf jeden Fall ist das, was Arriortúa verteidigt und wofür er kämpft, wie es auch bei seinen anderen „Erfindungen" der Fall war, nichts Neues und etwas sehr Naheliegendes. Vor allem empfiehlt er, niemals Pommes frites oder andere fritierte Speisen zu essen, Backwaren im allgemeinen zu vermeiden und statt dessen viel Obst zu essen. „Ich befolge keine Diät. Ich versuche ganz einfach, normal und mit einer gewissen Strategie zu essen: morgens Früchte, mittags und abends Trennkost, d.h. eine Kohlenhydratmahlzeit und eine, die überwiegend aus Eiweißstoffen besteht. Das ist alles." Seine Mutter ist über seine Schlankheit besorgt: „Du ißt zuwenig, Josin", sagt sie immer, wenn sie ihn sieht.

Josin versucht dann, dem Thema auszuweichen, er klopft sich auf den Bauch und erinnert sich an die überflüssigen Pfunde, die er noch vor einigen Jahren auf die Waage brachte. „Aber nein, Ama, aber nein, ich fühle mich sehr gut." Man muß schon zu den Alben mit den Zeitungsausschnitten greifen, die die Schwester von José Ignacio López de Arriortúa wie einen Goldschatz hütet, um die Verwandlung zu bestätigen. Dick ist er nie gewesen, aber es stimmt, daß die „Kurven des Wohlstands" ihn eine gewisse Zeit seines Lebens begleitet haben. María Jesús sammelt die Zeitungsausschnitte (ausländische und nationale, wirtschaftliche und solche mit allgemeinen Informationen) gleich zweimal. „Ich lege zwei Alben an, eines für mich und eines für ihn." Natürlich sind sie randvoll. Man darf nicht vergessen, daß sie über das Leben eines Mannes berichten, der sich rühmt, viel zu arbeiten. Jetzt beginnt sein Arbeitstag bei

Volkswagen um fünf Uhr morgens und endet etwa um Mitternacht. Und das spricht für sich.

An den Wochenenden bleibt wenig Zeit, um etwas Besonderes zu unternehmen. An den Samstagen geht er einkaufen mit der „Chefin", wie er Margari liebevoll nennt, am Sonntag in die Kirche. „Später essen wir irgendwo und treffen uns mit spanischen Freunden." Das heißt, mit den Mitgliedern der Mannschaft, die ihm überallhin treu folgt. Und wenn er sehr großes Heimweh bekommt, dann ruft er seine Mutter oder seinen besten Freund, den Präsidenten der Provinzregierung von Biskaya, José Alberto Pradera, an.

Außerdem liest er sehr gerne, eine Leidenschaft, der er schon als Kind verfallen war. Eines der letzten Bücher, die er verschlungen hat, war das Leben eines anderen „Antreibers", des Präsidenten von General Electric (GE), Jack Welch, der den Spitznamen Neutronenjack bekam wegen der Massenentlassungen von Arbeitern bei GE in den achtziger Jahren.

López geht gerne spazieren. Und natürlich fährt er gerne auf seinem Boot, mäht den Rasen, spielt Pelota vor einer Wand oder schaltet das Fernsehen ein, wenn es sein Lieblingsprogramm gibt, das heißt ein Fußballspiel mit Atlethic. Aber um dies alles mit hundertprozentiger Leistung und Effizienz tun zu können, bleibt ihm nichts anderes übrig, als in das Baskenland nach Amorebieta oder Busturia zurückzukehren, meint López.

In Amorebieta, in einem Wohnblock, der der Familie gehört und in dem einige Wohnungen vermietet sind, lebt seine Mutter. Der ehemalige Hof ist vor einiger Zeit abgerissen worden. In diesem Wohnblock besitzt Superlópez eine Wohnung, die er natürlich weder benutzt noch vermietet. Dasselbe gilt für das Landhaus in Saragossa oder das

Haus in Detroit, die der baskische Ingenieur seinerzeit gekauft hat und von denen er sich jetzt nicht trennen kann. Zu diesem persönlichen Vermögen muß man noch das Herrenhaus in Busturia hinzuzählen, das tatsächliche Refugium des Kriegers.

Nach seinem Start bei Volkswagen ist er in ein Haus eingezogen, das ihm das Unternehmen zur Verfügung gestellt hat. VW hat sich um ihn geschlagen, und seit der Ankunft von López de Arriortúa in Wolfsburg hat man ihn mit Aufmerksamkeiten überhäuft. López und seine Frau waren von dem Empfang fasziniert. Zuerst durften sie zwischen drei Häusern wählen. Sie blieben in dem, das ihnen am besten gefiel, ein perfektes Haus, das nur einen kleinen, unbedeutenden Mangel hatte. Am Tag, als man es ihnen zeigte, konnte Margari eine Bemerkung nicht unterdrücken. „Es ist sehr schön", sagte sie zu ihrem Mann in einer diskreten Bemerkung, „aber der Boden in der Küche und in den Badezimmern..." Jemand muß diese Worte gehört haben, denn um acht Uhr morgens am folgenden Tag waren schon die Handwerker dabei, die alten Fliesen zu entfernen und neue anzubringen.

Der Ort, wo man Superlópez am meisten verehrt, ist zweifellos sein Geburtsort. José Ignacio López de Arriortúa ist ein Prophet in seinem Dorf. Im Monat April, einige Tage, nachdem seine Entscheidung, General Motors zu verlassen, bekannt geworden war, veröffentlichte die Zeitschrift „Hilero" von Amorebieta einen Artikel über den „internationalsten Basken". Am Ende dieses Artikels war die einzige Pressemitteilung enthalten, die López de Arriortúa seit seinem Gang zu Volkswagen abgegeben hat. Die hundert Tage Schweigen haben ihn dazu verpflichtet, die Journalisten zu meiden. Aber das Herz befiehlt, und da es sich um die Zeitung seines Geburtsortes handelt, ist diese Ausnahme wohl verzeihbar: „Ich möchte der ganzen Bevölkerung von Amorebieta für ihre Unterstützung danken. Ihr sollt wissen, daß ich euch bei all meinen Entscheidungen immer in meinem Herzen hatte und immer an euch dachte."

In dem Ort kommen die Einwohner nicht aus dem Staunen heraus, und wie andere denken sie über Dinge nach, die sich nur schwer erklären lassen: „Wenn man irgendeinem Einwohner unseres Dorfes, der Josin López de Arriortúa kennt, vor Jahren erzählt hätte, welches Durcheinander er auslösen würde, hätte ihm niemand geglaubt", schreibt die Zeitung „Hilero", Vertreter der Volksmeinung. Alle haben die Ereignisse der letzten Monate mitverfolgt. Und als ob es sich um etwas Persönliches gehandelt hätte, haben sie mit Josin gezittert: „Wir waren alle gespannt auf das Ende der Verhandlungen, die Josin auf zwei Seiten geführt hat, einerseits bei GM, andererseits bei Volkswagen. Er geht, er bleibt, er geht, und er ist zu Volkswagen gegangen." Alle, die ihn kennen, heißen seine Entscheidung für gut, ebenso wie sie auch jede andere Haltung befürwortet hätten. Die Kommentare über die „Affäre" beherrschten die Stammtische: „Das ist ein starker Typ! Ich hätte das gleiche getan! Wenn er weggegangen ist, wird das schon einen Grund gehabt haben! Er ist ein Teufelskerl, dieser Josin...!"

Aber wenn die Rede auf die große Idee kommt, von der Josin träumt, dann sind alle dafür, die Ruhe zu bewahren: „Wenn Josin es schafft, bringt er uns die Fabrik; wenn nicht, kann man auch nichts daran ändern!"

Baskenland López-Land

López ist bodenständig. Ungern ging er nach seinem ersten Job bei Firestone, 10 km von seinem Geburtsort Amorebieta entfernt, auf ein Angebot von General Motors im 300 km entfernten Werk Saragossa ein. Der Verfall klassischer Industriezweige in der Region Bilbao entfachte bei López einen missionarischen Eifer, im Baskenland eine Automobilfabrik zu bauen.

Kartenausschnitt Region um Bilbao. Bild: Shell

85

7

Das Baskenland, der beste Platz der Welt; Busturia, das Paradies

WENN José Ignacio López de Arriortúa in das Baskenland kommt, wird er wie eine bedeutende Person behandelt, obwohl er immer wieder darauf hinweist, daß er nur wie ein ganz gewöhnlicher Mensch behandelt werden will. Vor einem Jahr hat man ihn zum Beispiel zum Honorarkonsul von Bilbao ernannt, in einem Festakt, in dem die ehrenvolle Ernennung auch der Präsident von BBV (Banco Bilbao de Vizcaya), Emilio Ybarra, die Historikerin Selma Huxley und Eneko Landaburu, einer der Generaldirektoren der Kommission der Europäischen Gemeinschaft, erhielten. Superlópez hatte damals die Gelegenheit, seine inbrünstige Liebe zum Baskenland zu erklären, und er tat dies in einer sentimentalen, nostalgischen Rede, die

er – als krönenden Abschluß – mit einigen Sätzen auf baskisch beendete, in einer Sprache, die er immer als seine
Muttersprache angesehen hatte:

„Vor 26 Jahren habe ich meine Ausbildung an der Inge-
nieurschule in Bilbao abgeschlossen. Dies war damals eine
große Freude für mich. Heute ernennen Sie uns zu Ehren-
konsuln von Bilbao, und es ist wieder eine große Freude.
Meine Freude über diese Ernennung angesichts der Tatsache, daß ich bereits seit fünf Jahren in Deutschland und einige Monate in Amerika gelebt habe, vermischt sich mit tie-
fer Emotion und Dankbarkeit. ... Ich fühle mich durch die
Ernennung zutiefst geehrt und bin mir der Verantwortung
durch die Übernahme des Titels bewußt. ... 500 Jahre,
nachdem die baskischen Seeleute nach Amerika aufgebro-
chen sind, ernennt ihr einen anderen Basken in der Neuen
Welt zum Ehrenkonsul von Bilbao. Mein Haus in Broom-
field Hills ist in Detroit bereits als 'das Haus von Bilbao'
bekannt, und es ist euer Haus, wenn ihr dorthin kommt.
Amorebieta, Bilbao, Biskaya und das Baskenland sind
immer großzügig zu ihren Kindern gewesen; sie haben deren Verschiedenartigkeit und Freiheit gefördert. Großzügig
gegenüber der Welt habt ihr eure Söhne den Weltunterneh-
men überlassen. Heute ist es an der Zeit für alle eure Söhne,
sich zusammenzuschließen und die Heimat, die uns jetzt
braucht, zu unterstützen. ich bin dazu bereit (...)“

Als Vorkämpfer der Nationalistischen Baskischen Partei
(Partido Nacionalista Vasco; PNV), einer Organisation, mit
der er sympathisiert, wäre er unbezahlbar. Der Präsident der
baskischen Regierung, José Alberto Pradera, sagte: „Wenn
jeder Anhänger der PNV nur ein Zehntel von dem tun
würde, was Arriortúa für das Bild des Landes getan hat,
dann wäre das Baskenland die Schweiz.“ Bei all seiner

Liebe für die Heimat geht er jedoch nicht soweit, die baskische Sprache Euskera wie eine nationalistische Flagge zu verteidigen. Obwohl er sie sooft wie möglich verwendet, selbst wenn es nicht immer angebracht ist. Eine Anekdote verdeutlicht dies: Es wurde einmal ein Treffen von Führungskräften aus verschiedenen Ländern der Welt in Madrid abgehalten, und wie es bei solchen Versammlungen üblich ist, wurden die Referate in verschiedenen Sprachen gehalten. Als Superlópez an der Reihe für seine Darstellungen war, hielt er seinen Bericht zur Überraschung der Teilnehmer in seiner baskischen Sprache, übersetzt ins Englische mit Hilfe eines Dolmetschers, einem baskischen Jesuiten.

Superlópez hält nicht viel von Politik, er verwendet sie nur, wenn er sie benötigt, um persönliche Projekte voranzutreiben. Einer seiner Mitarbeiter erzählt, daß er niemals von Regierungen, Parteien oder Staaten spricht, sondern immer von Personen: „Vom König sagt man, daß er ein genialer Typ sei; von Solchaga, daß er ein Phänomen sei..."

Zu König Juan Carlos hat er eine ausgezeichnete Beziehung. Als man López de Arriortúa zum stellvertretenden Direktor von General Motors Company ernannt hatte, war eine seiner ersten Tätigkeiten, um eine Audienz bei dem Monarchen zu bitten. Bei dieser Begegnung, bei der auch der Generalsekretär von Opel Spanien, Javier Oraá, anwesend war, zögerte Superlópez nicht, den König einzuladen, das Werk von GM in Detroit anläßlich eines offiziellen Besuches der königlichen Familie in den USA zu besichtigen. Dieser sollte Anfang Januar stattfinden, aber die lange Krankheit von Don Juan, dem Vater des Königs, und sein späterer Tod zwangen den König dazu, diese Reise auf April zu verschieben. Einige Tage, bevor sie sich auf den Weg zum offiziellen Besuch der Vereinigten Staaten machten, verlegte López de Arriortúa seinen Standort von Detroit nach Wolfsburg – höchst spektakulär. Das Königspaar besuchte natürlich dennoch den Sitz von GM, aber nicht ein Spanier war der Gastgeber, sondern Jack Smith, der Präsident der amerikanischen Gesellschaft, den die baskische Führungskraft einige Wochen vorher „sitzen gelassen hatte", wie man im Volksmund sagt.

Dieser Umstand ließ López keine Ruhe, und bei der nächsten Gelegenheit, er war bereits bei Volkswagen, beantragte er eine neue Audienz im Königshaus, um sich zu entschuldigen, daß er Don Juan Carlos und Doña Sofía in Detroit nicht empfangen hatte, und um sich als neue Führungskraft in dem deutschen Unternehmen vorzustellen. Bei dieser Begegnung war auch VW-Chef Ferdinand Piëch anwesend. Dies war eine ideale Form, Botschafter der deutschen Industrie in Spanien zu sein, wo VW mehrere Werke hat. Trotz allem gibt es derzeit kein offizielles Photo. An jenem Tag war die Ausstattung des königlichen Photographen im Zarzuela-Palast defekt, der Photograph versuchte es trotzdem, aber die Kamera streikte. Zum Glück waren mehrere Zeichner von Agenturen anwesend, denn López wäre andernfalls völlig frustriert gewesen, weil der König ihn empfangen hatte und er es nicht hätte beweisen können.

In Euskadi traf er den Präsidenten der PNV, Xabier Arzalluz, und Pradera persönlich, um mit ihnen Fragen über die Zukunft des Baskenlandes zu diskutieren. Allerdings wurde am Tisch nur über das Automobilwerk gesprochen, das im Baskenland dank seiner Bemühungen entstehen könnte. Das ist sein großer Traum. Aber in seinem Kopf geistern noch andere Wünsche herum, die derzeit noch unerfüllt bleiben: „Wenn jetzt die gute Fee zu mir käme und zu mir sagen würde: 'Du hast einen Wunsch frei, was möchtest du?', würde ich ihr sagen, daß ich ein Bauer sein möchte mit einem baskischen Bauernhof mit zehn Hektar guter Erde und einem Traktor, um Bohnen, Kartoffeln und Luzerne anzubauen."

José Ignacio López de Arriortúa mäht gerne den Rasen im Garten seines Hauses in Busturia, dem Dorf an der Küste von Biskaya, ganz in der Nähe von Gernika. Es ist eine Leidenschaft, die er von seiner Mutter geerbt hat. Als er jung war, hat er sie schwere Arbeiten auf dem Bauernhof verrichten sehen und auch selbst schwer gearbeitet. Dies ist auch ein Detail seiner Persönlichkeit: seine Hingabe an die Arbeit. López selbst sagt: „Keine Arbeit ist schwerer, als den Rasen zu mähen." Nach Busturia kommt er, sooft er kann, das heißt, wenn ihm ein paar Tage bleiben, um auszuruhen. Man stellt sich vor, daß eine Führungskraft mit dem Gehalt von Superlópez logischerweise aufgrund seiner Stellung ein Haus besitzt, das hinter Bäumen versteckt liegt, mit vielen Sicherheitseinrichtungen und einem bellenden Hund. Ein Haus, das man vom Eingangstor aus nicht sehen kann und das dem in der Fernsehserie „Dallas" ähnelt. Oder, wenn man sich nicht auf das Haus beziehen möchte, dann stellt man sich die Führungskraft immer an einem Strand in der Karibik vor, an dem er gerade von Bord seiner Yacht von der eigenen Insel aus angekommen ist. Aber diese Vorstellungen treffen auf Superlópez nicht zu.

José Ignacio López de Arriortúa legt auf so etwas keinen Wert und wird dies wahrscheinlich nie in seinem Leben tun. Der entfernteste Ort, an dem er Urlaub machte, ist Hawaii, wo er in Begleitung der Mitglieder seiner Mannschaft und ihrer Familien ein Weihnachtsfest verbrachte. Er hat sein eigenes Verständnis von Urlaub. Als er noch bei General Motors Europa war und in Rüsselsheim lebte, fuhr er die

Strecke nach Busturia in seinem Privatauto. Wenn der Sommer oder irgendeine andere Urlaubszeit gekommen war, packte er seine Siebensachen in den Kofferraum und durchquerte mit seiner Familie in seinem Auto Europa, bis sie in Biskaya ankamen. Sie brauchten etwas mehr als zehn Stunden, und niemand beschwerte sich. Den Töchtern und seiner Frau gefällt es, mit dem Auto zu reisen, und unsere Hauptperson ist ein leidenschaftlicher Autofahrer. Ein Freund sprach ihn einmal daraufhin an: „Warum nimmst du denn nicht das Flugzeug, damit du ausgeruht ankommst? Bist du dir nicht darüber im klaren, daß du dich bei so einer langen Strecke einer Tortur unterziehst? Wenn es für dich ein Problem wäre, die Reise zu bezahlen, würde ich das verstehen, aber doch nicht in deinem Falle ..." Aber Iñaki war plötzlich sehr geistesabwesend und lenkte schließlich vom Thema ab.

Der Luxus, die Komplikationen, die Hektik auf den Flughäfen passen nicht zu ihm. Das Haus in Busturia, der Ruhepol des Kriegers, entspricht ihm. Obwohl López in den letzten Jahren viele Arbeiten hat durchführen lassen, die ganz offensichtlich das Aussehen des alten Hauses von Margaris Familie verändert haben, ist es immer noch kein Fremdkörper im Viertel Axpe. Wenn die Gitter des Hauses nicht mit einem grünen Segeltuch umspannt wären, damit man nicht hineinsehen kann, dann würde nichts darauf hinweisen, daß hier eine bedeutende Person wohnt. Das Haus hat zwei Stockwerke mit einem mansardenartigen Dachgeschoß und einem Keller; es ist ganz weiß, die Mauern bestehen aus Steinen und Holz. Die Zimmer sind einfach eingerichtet, die Dekoration wirkt fast streng. In dem Bauernhof, wo er geboren wurde, gab es viele Bilder und Schiffsmodelle. Es gab auch viele Blumen. Margari liebt Trockenblumen, die sie in Körben, die die Möbel schmücken, anordnet.

Eine ihrer Töchter ist außerdem eine Spezialistin in der Kunst, Rosen zu trocknen.

Die Wände sind weiß gestrichen, außer in den Mansardenzimmern, wo sie im beigen Farbton gehalten sind. Dies ist der von Superlópez bevorzugte Teil des Hauses. Schließlich war es seine Idee, das Dach des Hauses anzuheben. López de Arriortúa hat die gemütliche und intime Umgebung, die die schrägen Wände schufen, ausgenutzt und im oberen Teil des Hauses sein privates Wohnzimmer eingerichtet. Dort empfängt er Freunde und Journalisten, dort liest er, arbeitet er und zieht sich von der Welt zurück. In dem Zimmer gibt es zwei einander gegenüberstehende Sofas und einige Halogenstehlampen (mit indirektem Licht). An den Wänden hängt wenig Schmuck. Nur einige eingerahmte Zeitungsausschnitte und eine Druckplatte einer Zeitung. Auf einem Regal steht die Allgemeine Illustrierte Enzyklopädie des Baskenlandes.

Der Garten des Hauses ist gepflegt, aber man würde sagen, daß er nicht fertig angelegt worden ist. Im Hauptteil befindet sich ein perfekt gemähter Rasen mit einer Palme und verschiedenen Obstbäumen. In einer Ecke allerdings herrscht Unordnung, die Perfektion fehlt. Dort sind Holzlatten aufgestapelt, und das Unkraut wächst völlig unkontrolliert. Das ist die Ecke des Dorfbewohners, des Bauernhofbesitzers gegenüber dem Raum des Perfektionisten, des Virtuosen in der Kunst des Rasenmähens. Die Schwester von Margari und ihr Mann kümmern sich um das Anwesen, sie wohnen im Nachbarhaus.

„Dieser Ingenieur", sagt ein Nachbar aus Busturia, „läuft immer mit einer Schubkarre herum und mäht das Gras, das er mir später für meine Kaninchen gibt." „Er geht wenig aus", kommentiert ein anderer Einwohner. „Und wenn er es tut, dann um einen Spaziergang am Strand zu machen." Um einen Spaziergang zu machen oder um mit seinem Schiff wegzufahren, einer kleinen Yacht, die er mit Liebe pflegt, die er auch ohne zu zögern verleiht, wenn einer sie mehr genießen kann als er. Vor zwei Jahren traf er in Amorebieta zufällig einige Mitglieder der Clique „Der Zug der Hoffnung", und als sie sich wieder verabschiedeten, übergab er ihnen einen Briefumschlag mit einem Hinweis und einigen Schlüsseln: „Wenn ihr wollt, dann könnt ihr meine Yacht benutzen."

Das Schiff liegt im Yachtclub von Santander, am Anlegeplatz eines Freundes. Es ist ein namenloses Schiff. Aber das ist kein Zufall; er hatte schon ein anderes besessen, und auch dem hat er keinen Namen gegeben. Seine Schwester María Jesús und ihr Mann kümmern sich darum, daß alles bereit ist, wenn Iñaki nach Busturia zurückkommt. Der Topmanager ruft einige Tage vorher an: „María Jesús, wir kommen in etwa einer Woche." Dann fährt der „lange Durango", der López anscheinend nichts nachträgt wegen des Ärgers, den er ihm während seiner Verlobungszeit gemacht hat, mit dem Auto in die kantabrische Hauptstadt und kehrt auf dem Meer ins Baskenland zurück, am Steuerruder des Schiffes seines Schwagers. Wenn der Ingenieur von Etxano in Busturia ankommt, dann liegt die Yacht bereits in der Nähe seines Hauses vor Anker.

Großzügig und erdverbunden würde López de Arriortúa alles darum geben, im Baskenland leben zu können: „Ich – in Amorebieta oder in Busturia. Dorthin möchte ich gerne gehen. Das ist mein Syndrom, denn das Schicksal schickt mich immer weiter weg. Es fehlt nur noch, daß sie mich in den Weltraum schicken, um dort eine Niederlassung aufzumachen", versichert er. Aber López hat zwei völlig verschiedene Gesichter, die es einem schwer machen zu glauben, daß sie zur selben Person gehören. Dennoch ist es ihm gelungen, und das ist vielleicht sein größtes Verdienst, ein Dorfbewohner zu bleiben, wie er es auch gerne betont, auf dem Hof, den er weltmännisch regiert. In einer seiner bescheidenen Bemerkungen, die eher Fragen aufwerfen, als sie zu beantworten, sagt er: „Meine Geschichte ist die Geschichte eines Mannes von Amorebieta, der niemals aus seinem Dorf weggehen wollte." Sie ist aber auch die eines strebsamen Berufstätigen, eines fürchterlich ehrgeizigen Menschen, der in der Lage ist, Methoden zu verwenden, die nicht sehr ethisch sind, um die vorgesehenen Ziele zu erreichen. Es ist das Gesicht einer Führungskraft, die Spitzengehälter wert ist, und das hat nichts mit Iñaki oder Josin zu tun. Es ist Superlópez oder der Mann ohne Erbarmen, eine neue Geschichte, die nach seinem Start bei General Motors España beginnt und bei der nur noch die beiden Einzelheiten, die bis jetzt erzählt worden sind, beibehalten werden: die ländliche Ausdrucksweise und der Name. Und die Wurzeln, denn „niemand kann triumphieren, wenn er seine Herkunft verleugnet."

8

Als Josin sich in Superlópez verwandelte

AM Nachmittag des 1. Juli 1980 hatte Josin zum ersten Mal die Büros von General Motors in Saragossa betreten. Das war für ihn eine neue Welt. Von der Herstellung von Reifen ging er zur Produktion von ganzen Autos über. Als ob das gar nichts wäre. Aber der Sprung machte ihm keine Sorgen, berufliche Herausforderungen haben ihn niemals erschreckt. Eher im Gegenteil, er hat Dreiviertel seines Lebens damit verbracht, neue Ziele für sich zu erfinden, die jedesmal schwieriger zu erreichen waren. „Es ist so", erklärt er, „wie bei den Hochspringern, die glaubten, sie wären an ihre Grenzen gelangt. Dann kam Fosbury und machte eine Drehung mit seinem Körper, und ein neues Zeitalter begann." Und der strahlende Ingenieur von

Amorebieta war bereit, wenn es notwendig war, mit Brillanz die „Bauchdrehung" durchzuführen, um über diese Fabrik zu springen, die immer noch eine Baustelle war und aus der einmal Autos fahren sollten: ein Modell, das Opel Corsa getauft wurde und das mit der Zeit einer der größten kommerziellen Erfolge von General Motors werden sollte.

Er ist nie ein Mensch gewesen, der nicht sagte, was er dachte, und 1980 ließ er sich auch nicht durch die Namen General Motors, Opel oder Figueruelas (GM-Produktions-Standort) beeindrucken. Er wurde schließlich zum Produktionsleiter ernannt und fühlte, daß die Zeit gekommen war, um viele seiner Ideen in die Praxis umzusetzen, die damals mehr oder weniger revolutionär waren und die er während seiner Zeit bei Firestone aufgeschrieben hatte. Mit diesem Anflug der Naivität eines Bauern, die ihn immer begleitete, dachte er, daß er nun freie Hand hätte, die Fabrik nach seinem Belieben zu organisieren. War er denn nicht der Produktionsleiter? Außerdem waren die Arbeiter noch nicht eingestellt. Dort liefen seine Methoden nicht Gefahr, einen Streik von drei Monaten zu provozieren, wie es bei Firestone geschehen war. Wenn die Arbeiter eintreffen würden, würden sie alles schon geregelt vorfinden.

Aber innerhalb von einigen Wochen stellte er fest, daß nicht alles leicht sein würde, und einige Tage lang litt er wahrhaftig an einer Art Sancho-Pansa-Komplex. Er fing an zu denken, daß man ihn genauso wie Cervantes zum Gouverneur der „Insel Barataria", oder um genauer zu sein, von Figueruelas ernannt hatte. Als er damit begann, seinen Vorgesetzten, diesen starrköpfigen Deutschen mit viel mehr Erfahrung im Fahrzeugbau, seine Ideen über die Organisation einer Fabrik zu erzählen, sah er sich einer richtigen Wand gegenüber, die voller negativer Einstellungen war. „Verdammt noch mal! Aber ich muß mich durchsetzen. Außerdem bin ich nicht an einen Ort gekommen, der mehr als 300 Kilometer von meinem Haus entfernt liegt, um das 'Paradies' mit der 'Hölle' zu vertauschen und diese Typen hier das Spiel gewinnen zu lassen." Seine Aufgabe sei es, so erklärte man ihm, zu produzieren. Für die Konstruktion der Fabrik seien andere zuständig, die Planungsingenieure.

Und somit begannen die ersten Kämpfe. Superlópez erklärte seinen Vorgesetzten bei Opel die Möglichkeit, die Arbeitsplatz-Installationen nach der Methode MTM – Methods Time Measurement – einzurichten, ein Organisationssystem, das Prioritäten setzt in der Analyse der Ergonomie, der Bewegungen der Arbeiter an den Maschinen, um somit eine einfachere und effizientere Produktionsweise zu finden. Aber die Deutschen hielten nichts davon. Sie zogen es vor, einem Akkordschema zu folgen, das sie bereits in Deutschland eingeführt hatten, mit einer eisernen Kontrolle über die Produktionszeiten. „Sie können MTM nicht verwenden", sagten ihm die Deutschen. „Was Sie machen müssen, ist, eine Stoppuhr zu nehmen und Zeitaufnahmen durchzuführen." Die Dinge begannen nicht sehr gut. „Da sagte ich zu ihnen: Nein, die Zeitstudien sind überflüssig. Die Ingenieure legen sich nur auf die Zeiten fest, und das hat nicht viel Sinn. Statt dessen müssen wir uns zunächst unseren Arbeitsmethoden widmen und sie verbessern. Der Zeitgewinn folgt dann zwangsläufig – ohne eine Stoppuhr zu verwenden. Weil es in dieser Fabrik noch keine Maschinen gibt, können wir sie zuerst auf dem Papier entwerfen. Dann ist die Realisierung später leichter durchzuführen."

Aber die Deutschen waren nicht so einfach zu überzeugen. So beschloß Superlópez, einen Guerillakrieg anzufangen. Eines Tages sammelte er einige seiner Mitarbeiter um sich und gab ihnen eine Unterrichtsstunde über die hervorragenden Eigenschaften der Arbeitsablaufstudien gegenüber den Zeitstudien. „Die Deutschen glauben mir nicht", sagte er zu ihnen, „aber ich bin überzeugt, daß dies das Beste für diese Fabrik ist. Ihr müßt mir helfen. Doch wenn wir keinen Erfolg haben, dann werden sie uns kreuzigen." Und danach erklärte er ihnen den Angriffsplan. „Wenn die Mitarbeiter der deutschen Planungsmannschaft euch die Zeichnung eines Teiles der Fabrik- oder Arbeitsplatzeinrichtung zeigen, dann müßt ihr mit dem Chronometer in der Hand sagen: 'Unmöglich! Dazu brauchen wir mehr Arbeiter.' Und dies immer wieder."

López de Arriortúa führte parallel dazu seine Untersuchungen mit dem Programm der Methodenanalyse durch und wählte ein Versuchskaninchen aus, das Fließband, an dem die Karosserieteile der Fahrzeuge zusammengeschweißt werden sollten. Aufgrund der Zeichnung, die die deutschen Planungsingenieure dafür erstellt hatten, gegen die die Spanier der Mannschaft von Superlópez übereinstimmend wetterten, benötigte man bei dieser Einrichtung 16 Arbeiter. Er wandte sich an den Planungschef.

„Ich bin weder mit der Zeichnung einverstanden noch mit der Verteilung der Arbeiter, die ihr für das Band vorgesehen habt."

„Sehen Sie, Iñaki, Sie und Ihre Ingenieure sind alle gleich. Immer verlangen Sie mehr Arbeiter."

„Nein, ich will nicht mehr Arbeiter. Ganz im Gegenteil. Mit Ihrem System sind wir gezwungen, sechzehn einzustellen, aber ich benötige in Wirklichkeit nur vier."

„Nur vier?"

„Ja, wenn man mich ein System anwenden läßt, das wir entwickelt haben, dann brauche ich nur vier."

Und er bewies dies. Dies war sein erster Erfolg, und seit dieser Zeit wagte es niemand mehr, seine Organisationsmethoden in Frage zu stellen. Im ersten Jahr stellte man im Werk von Figueruelas 30 000 Fahrzeuge mehr her, als in der Planung von General Motors vor dem Bau errechnet worden war. Noch heute wird diese Einrichtung als eine der rentabelsten der Automobilindustrie im Westen angesehen. „Die Deutschen planten, hier 300 000 Fahrzeuge im Jahr mit 12 000 Arbeitern herzustellen. Heute werden 370 000 Fahrzeuge mit 9 000 Personen hergestellt, und bald wird man 400 000 mit nur 8 000 Leuten bauen."

López wollte mit seinen MTM vorankommen. Man mußte alle Herstellungsverfahren analysieren, die dem Produkt keinen Wert hinzufügten, und sie eliminieren. Eines Tages beschloß er, mit seinen Mitarbeitern einen Opel Corsa in sämtliche Einzelteile zu zerlegen. Er besetzte einen der Räume der Fabrik, und auf einer Vielzahl von Tischen wurden die Teile ausgebreitet, an jedem von ihnen wurde ein Etikett angebracht, auf dem stand, wieviel es kostete, das Teil herzustellen. Er widmete sich bei seiner Untersuchung jedem einzelnen Teil und plante Alternativen für die Produktion dieses Teils mit einem einzigen Ziel: Das Ergebnis mußte kostengünstiger sein. „Zum Beispiel stellten wir fest, daß wir zur Herstellung der grauen Teppiche in den Fahrzeugen weiße Fasern einkauften und diese dann einfärbten. Unsere Schlußfolgerung: Wenn wir weiße und schwarze Fasern kaufen und sie miteinander verbinden, dann wird das Ergebnis ganz ähnlich, aber es wäre billiger. Wir sparen uns die Färbung. Als wir mit der Untersuchung aller Teile fertig waren, machten wir eine Abrechnung. Wir konnten mehr als 31,5 Millionen DM im Jahr sparen. Aber wir brauchten die Genehmigung, um dies zu tun. Ich hatte keine Entscheidungsbefugnis."

Der Präsident von General Motors in Spanien berichtete eines Tages der höchsten europäischen Führungskraft der Gesellschaft, John „Jack" Smith, über die Untersuchungen von Superlópez, um Kosten zu sparen. „Das muß ich sehen", sagte Jack. Und eines Tages kam er nach Saragossa. „Ich glaubte, es sei ein Traum", bestätigt López de Arriortúa. Er, der allmächtige Präsident von General Motors Europa, der Amerikaner John Smith, bewegte sich von seinem Platz weg, um ihn zu sehen, um sich seine Projekte anzuhören, um jenen auseinandergenommenen Opel Corsa zu sehen, was wie das Spiel eines Mechanikers aussah. Nachdem er ein wenig in dem Raum herumgegangen war, in dem López die Teile des Corsa ausgelegt hatte, und einige der Etiketten gelesen hatte, wandte sich Smith an den baskischen Ingenieur: „Iñaki, ich allein kann Ihnen nicht die Genehmigung für alles geben, was Sie planen, aber es scheint mir interessant. Machen Sie sich keine Sorgen, wir werden eine Lösung finden. Unterdessen sagen Sie niemandem etwas davon. Sie müssen sicherstellen, daß die Deutschen, die in dieser Fabrik arbeiten, glauben, daß Sie eine Clique von Spaniern sind, die keine Ahnung haben, wie man Fahrzeuge herstellt, und die nicht wissen, was sie tun."

Eine Woche später kam Smith nach Saragossa zurück, begleitet von Fritz Lohr, dem Chefentwickler von Opel. Und in dem Raum des zerlegten Corsa sagte er zu ihm: „Herr Lohr, bitte helfen Sie diesen armen Leuten." Der Ingenieur begann herumzugehen und die Etiketten zu lesen, in denen die derzeitigen Kosten verglichen wurden mit der Ersparnis, die López de Arriortúa zu erzielen versuchte. „An jenem Tag", erinnert sich López, „wurde fast die Hälfte der Änderungen genehmigt, die wir vorgeschlagen hatten."

1986 wurde López zum Einkaufsdirektor von General

Motors Spanien ernannt. Er begann seine spektakuläre Karriere als Superlópez. „Schauen Sie", sagte er zum Präsidenten von GM España, Hans Hüskes, „wir haben viel bessere und größere Ersparnisse bei unseren Produktionssystemen erreicht. Aber wir haben nur auf 27% der Kosten für ein Fahrzeug eingewirkt. Die restlichen 73% kommen von außen, sie hängen von unseren Zulieferern ab. Ich möchte in deren Fabriken dieselben Methoden anwenden, die wir hier eingeführt haben." Und Hüskes dachte keine Sekunde lang nach, die Ergebnisse sprachen für die Ideen des neuen Einkaufsdirektors. „Machen Sie das", sagte er nur.

Bis jetzt hatte Opel wie die übrigen Automobilhersteller einen enormen Druck auf die Zulieferer ausgeübt, um bessere Preise zu erzielen. Der große Fisch frißt den kleinen. Wer in der Lage ist, Teile im Werte von zig Tausend Mark zu kaufen, kann die Bedingungen diktieren. Aber Superlópez wollte diese Frage ein wenig klüger angehen. Er wollte seine Verhandlungspartner, die ihm 73% des Wertes des Fahrzeuges verkauften, davon überzeugen, daß seine Methoden funktionierten, daß sie bereits zu Ergebnissen innerhalb der Fabrik von Figueruelas geführt hatten und daß sie auch in den Werken der Lieferanten eingeführt werden könnten, selbst wenn es sich nur um eine kleine Fabrik in einem Dorf handelt, das auf der Landkarte Europas nicht eingezeichnet ist.

„Ich habe eine Mannschaft von zehn Personen gebildet; da wurde das Konzept geboren, das wir später PICOS nannten, und wir begannen, mit Höchstgeschwindigkeit zu arbeiten. In kurzer Zeit hatten wir alle unsere Zulieferer umgedreht." Er besuchte sie, er machte sie verrückt, viele von ihnen ließen ihre Fabriken komplett umwandeln, und vor allem wandte er bei ihnen eine spartanische Disziplin an, was die Preise betraf. Wenn sie weiterhin auf der Liste der ständigen Lieferanten von Opel stehen wollten, mußten sie „brave Jungs" sein und seinen Anweisungen Folge leisten.

Agustín Tellería, der weiterhin Generaldirektor von Firestone war, traf seinen früheren Untergebenen unter ganz anderen Voraussetzungen wieder. Sie hatten die Rollen vertauscht. José Ignacio López de Arriortúa war jetzt nicht mehr sein Assistent. Er war jetzt der Kunde, der kaufen wollte, und dadurch derjenige, der sagte, wo es langging. „Wir haben uns immer gut verstanden", erinnert sich Tellería, „aber bei der Arbeit machte er keine Unterschiede. Er hat bei uns ebenso wie bei den anderen die Preisschrauben angezogen. Und dies, obwohl er einmal gesagt hat – ich glaube es war im Scherz –, daß ich ihn nur deshalb von Firestone habe weggehen lassen, um so mehr Reifen an GM zu verkaufen."

In jenem Jahr, dem ersten seit dem Bau der Fabrik von Figueruelas, machte General Motors in Spanien Gewinne. In Zürich, wo GM sein Hautquartier für Europa hat, dachte Jack Smith an López de Arriortúa: „Wir müssen diesen jungen Mann seine Methoden im gesamten Einkauf von Opel anwenden lassen." Er rief ihn zu sich und bot ihm eine Stelle in Rüsselsheim an, wo das multinationale Unternehmen die Leitung seiner industriellen Geschäfte in Europa zentralisiert hat.

Als Superlópez zu seiner Unterredung mit Smith in die Schweiz flog, plante er eine Verteidigungsstrategie: „Ich wollte nicht in Deutschland leben. Es hatte mich bereits viel gekostet, mich an Saragossa zu gewöhnen, und jetzt wollte ich mich nicht noch mehr von Amorebieta entfernen." Im Flugzeug vesuchte er, die Worte auswendig zu lernen, die er zum Präsidenten sagen wollte: „Das ist keine gute Idee. Ich spreche kein Deutsch. Sie sollten lieber einen Deutschen für diesen Platz benennen, der die deutschen Zulieferer verstehen kann, usw. usw." Als er in den Geschäftsräumen in Zürich angekommen war, sagte man ihm, daß er nicht von Smith empfangen werden würde, sondern von einer Gruppe von hohen Führungskräften von General Motors. „Ich legte los, und als wir fertig waren, hatten wir uns geeinigt. Ich war nicht die geeignetste Person, um mich um den Einkauf in Deutschland zu kümmern. Ich kam nach Hause zurück und sagte zu Margari: 'Wir sind gerettet! Ich habe sie überzeugt, wir ziehen nicht aus Saragossa fort.'" Aber am folgenden Tag rief ihn Hans Hüskes in sein Büro. Am anderen Ende der Telefonleitung hatte er Jack Smith, und er reichte ihm den Hörer: „Hallo, Iñaki. Man hat mir schon alles von gestern erzählt, aber ich glaube, Sie müssen flexibler sein..." Wenn der Kapitän befiehlt, hat der Seemann zu gehorchen, und die Empfehlungen eines Präsidenten sind nicht als eine Orientierungshilfe anzusehen. Das war ein Befehl. Er zog um und siedelte mit seiner Familie nach Rüsselsheim über, wo General Motors sein Hauptproduktionszentrum in Europa hat.

Sein erstes Jahr in Deutschland als Verantwortlicher für Einkauf und Beschaffung des Unternehmens war schwer. Da er so verbunden mit seiner Heimat war, mit Amorebieta, kostete es ihn um so mehr Zeit, sich an ein fremdes Land zu gewöhnen. Außerdem saßen in den vielen verschachtelten Büros von Rüsselsheim Führungskräfte mit vielen Jahren Erfahrung bei General Motors, „Knochen", an denen er sehr hart zu beißen hatte. Damit noch nicht genug, nur einige Monate nach seiner Ankunft in Deutschland packte sein Beschützer, Jack Smith, die Person, die am meisten Vertrauen in ihn hatte, die Koffer und kehrte in die Vereinigten Staaten zurück.

López wurde zum Hauptverantwortlichen für „Überseeische Geschäfte" ernannt, wie man bei General Motors alle Aktivitäten des Unternehmens nennt, die außerhalb von Amerika abgewickelt werden. „Aber glücklicherweise fand ich eine ausgezeichnete Mannschaft aus vielen Ländern vor – Belgier, Engländer, Deutsche und auch Spanier."

Wie immer führte Superlópez nach und nach, aber immer wachsam, seine Methoden bei der europäischen Einkaufsorganisation von Opel ein. Seine sofortigen Erfolge, die sogar noch größer waren als diejenigen, die er in Saragossa erzielt hatte, waren seine Belohnung dafür. Er stieg zum stellvertretenden Direktor auf.

Er hatte nie allzu große Probleme mit Sprachen gehabt. In Wirklichkeit sprach er aber außer dem Baskischen keine Sprache richtig gut. Nicht einmal Spanisch. Aber er legte keinen Wert darauf. Manchmal verständigte sich Superlópez auf Englisch, andere Male auf Deutsch oder, wenn es notwendig war, mit Händen und Füßen. Die Sprache war und ist für ihn ein weiteres Instrument seiner Strategie. Eines Tages, als sein Anwalt Patxi Ocerin ihn in seinem Büro in Rüsselsheim besuchte, beobachtete er, daß Josin mit seinen deutschen Mitarbeitern immer auf Englisch sprach.

„Hör mal", schalt der Anwalt ihn, „sei doch nicht so dickköpfig. Du verstehst schon ziemlich gut Deutsch und ein wenig sprechen kannst du doch. Warum richtest du dich nicht in Deutsch an deine Untergebenen?"

„Nein, niemals. Wenn ich mit ihnen Deutsch spreche, dann sind sie mir gegenüber im Vorteil. Sie dominieren dann, nicht wahr? Deshalb spreche ich mit ihnen auf Englisch, somit unterliegen wir denselben Bedingungen."

Er war immer sehr erfolgreich. Superlópez setzte sich keine Grenzen, das machte er auch in solchen Fällen nie, als er die Produktionskosten von General Motors spürbar senken wollte. Das trug wesentlich dazu bei, die Gewinne des Unternehmens zu vergrößern. Aber das war noch nicht alles. Seine Strategien ermöglichten es, daß die Qualität der von GM in Europa hergestellten Fahrzeuge sich allmählich verbesserte. Sie sind jetzt unter den Spitzenreitern in bezug auf Qualität zu finden.

Aber trotz alledem blieb López ein bescheidener Dörfler, der immer eine zweite Botschaft verbarg. Je höher er auf der Karriereleiter emporstieg, je größer die Anerkennung der höchsten Verantwortlichen von General Motors gegenüber seiner Arbeit war, desto mehr strengte er sich an, das Image des einfachen Arbeiters, der auf dem Boden der Tatsachen geblieben war, zu bewahren. „Ob ich stolz darauf bin, Vizepräsident von General Motors zu sein?" Auf diese Frage, die ihm die Journalisten damals stellten, antwortete er: „Vizepräsident in meinem Unternehmen zu sein ist kein Amt, sondern ein Arbeitsplatz. Ich bin ein Arbeiter, mehr nicht. Daß ich hier bin, ist kein Erfolg. Jeder kann Vizepräsident von General Motors werden. Erfolg hat meiner Meinung nach der Bauer, der weiß, wann die Zeit gekommen ist, Mais oder Bohnen zu säen. Er sät aus, die Pflanzen kommen hervor, und er hat eine gute Ernte. Das ist Erfolg. Oder der Erfolg des Arbeiters, der jeden Morgen an seinen Arbeitsplatz kommt und weiß, daß er sich durch das, was er macht, verwirklicht."

Und mit dieser gleichen Strategie vertrat er auch seine Heimat. Er war von dem „Instituto de Estudios Superiores de la Empresa", der IESE (Institut für Unternehmensführung), eingeladen worden, um eine Konferenz in Barcelona innerhalb eines Kongresses für Führungskräfte aus dem Automobilsektor abzuhalten. Es waren viele der obersten Führungskräfte der spanischen Automobilunternehmen und viele der Zulieferindustrie anwesend. Einer von ihnen wollte die Gründe für den Erfolg von Superlópez kennenlernen.

„Señor López de Arriortúa", fragte er, „wie ist es möglich, daß ein Spanier innerhalb der Automobilindustrie so hoch gestiegen ist wie Sie? Was ist der Schlüssel dazu?"

„Schauen Sie", antwortete er, „da gibt es kein Geheimnis. Wenn ich dorthin gekommen bin, wo ich jetzt stehe, dann deshalb, weil ich aus Amorebieta stamme. Aus keinem anderen Grund. Zum Glück komme ich aus Amorebieta. Wenn ich in Bilbao geboren wäre, dann wäre es mein Unglück gewesen!"

9

Wir sind im Krieg!

López' Erfahrung bei der europäischen Niederlassung von General Motors liegt jetzt lange zurück. Er hatte Erfolg und konnte sich sogar gegenüber den deutschen Technikern durchsetzen, die nicht übermäßig an seine Arbeitsmethoden glaubten, obwohl sie doch die gleichen Fähigkeiten hatten: eiserne Arbeitsdisziplin und Beharrlichkeit als oberste Strategie, um anderen den eigenen Standpunkt aufzuoktroyieren. Im Laufe dieser Jahre bei General Motors war er sehr viel reifer geworden. Er war nicht mehr jener junge Ingenieur, der sich jeden Morgen nach Erandio begab, um dort bei Westinghouse zu arbeiten, nicht einmal mehr der mächtige Organisator, der versuchte, sich ein Pöstchen in der Hierarchie von Firestone zu verschaffen.

In den Weihnachtsferien 1990 ruhte López Arriortúa nicht aus. Im Gegenteil, er investierte 14 Stunden täglich, um alle seine Ideen über die Produktion, den Einkauf, die Interessengemeinschaft von Hersteller und Zulieferer und die Suche nach einer neuen Kostensenkungsstrategie aufzuschreiben. Sein handschriftliches Manuskript wurde von zwei Sekretärinnen in die Schreibmaschine getippt. Sie brauchten dafür vier Wochen. Ein Buch war entstanden, ein Handbuch, das bald berühmt werden würde. Sein Name: PICOS, „Purchased Input Concept Optimization with Suppliers", ein Konzept der Optimierung des Einkaufs bei den Zulieferanten. Die Dampfmaschine, die die Briten in die Fabriken eingeführt hatten, war der Auslöser der ersten industriellen Revolution gewesen; die von Henry Ford in der Automobilindustrie angewandte Fließbandproduktion war der Meilenstein, der die zweite Revolution kennzeichnete. Und nun ist López Arriortúa überzeugt, daß PICOS die dritte industrielle Revolution auslösen werde. Ein Wechsel in der Industrie läßt sich seiner Meinung nach auf drei Worte reduzieren: „Zufriedenheit des Kunden."

Vor vielen Jahren ist López de Arriortúa ein Satz im Gedächtnis hängengeblieben, der von dem Japaner Konosuke Matsushita, dem Gründer von Matsushita Electric, einem der größten japanischen Unternehmen, stammt: „Wir werden gewinnen, und der Westen wird verlieren. Ihr könnt nicht viel dagegen machen, denn die Gründe für eure Fehlschläge liegen in euch selbst." Gewinnen, verlieren – ein Spiel? Von wegen! Das bedeutet Krieg! Wir sind seit vielen Jahren miteinander im Krieg, und die Japaner sind uns gegenüber im Vorteil! Das ist ein Konflikt, der nicht mit Waffen ausgetragen wird, sondern ein Handelsstreit. Sie, die „Asiaten", produzieren billiger, überfluten uns mit ihren

Produkten, zerstören unsere Unternehmen, die nicht mit ihnen konkurrieren können, und am Ende werden sie uns kolonisieren.

Für Superlópez befindet sich der Westen von neuem im Krieg mit Japan, und bei dieser Gelegenheit braucht das „Reich der aufgehenden Sonne" nicht Pearl Harbor anzugreifen, damit man sich dessen bewußt wird: 1970 begann der Westen seine ersten Schlachten gegen die Länder des Fernen Ostens zu verlieren, die von Japan angeführt wurden. Die erste Schlacht fand in der Stahlindustrie statt und wurde verloren, weil wir mit Ausflüchten auf die niedrigen Arbeitskosten in Japan und die Dumpingpreise reagierten: „Eine schmutzige Industrie", „Wenig Mehrwert", „Sie sollen ruhig produzieren, wir widmen uns moderneren Industriezweigen" usw. Und man wehrte sich nicht gegen den japanischen Angriff auf andere Industriezweige, als da sind Schiffsbau, Motorräder, die Textilindustrie, Hifi-Anlagen, Fernsehgeräte, Mikrowellengeräte, Uhren, Kameras, Elektronik usw. Und diese Schlachten wurden eine nach der anderen verloren. Das Ergebnis: eine Verminderung des Lebensstandards im Westen und eine höhere Arbeitslosenquote."

Schon in seiner Zeit als Ingenieur bei Firestone hatte López in seinen Organisationshandbüchern, die er in seiner Freizeit schrieb, ein unzertrennliches Ehepaar gezeichnet, zwei Figuren, die sich die Hand geben und lachen: Herr Produktivität und Frau Lebensstandard. Auch in der Automobilindustrie hatte der Kampf begonnen: „Seit 1985 befinden wir uns in der größten industriellen Schlacht aller Zeiten, die Schlacht um die Automobilindustrie. Dieser Industriezweig ist so wichtig, daß eine Niederlage das Ende der industriellen Führerschaft des Westens bedeuten würde, die

Herr Produktivität   Frau Lebensstandard

dann von Japan übernommen würde. Das ist ein großes Risiko für zehn Millionen von Menschen, die heute in der Automobilindustrie arbeiten und von ihr leben. Eine Niederlage würde alle Länder des Westens in Länder zweiter Klasse verwandeln mit Bürgern zweiter Klasse. Die Herausforderung ist allumfassend und die Aufforderung zum Duell von großer Bedeutung."

Superlópez hat in seinen Manuskriptblättern, aus denen später sein Handbuch über PICOS entstehen sollte, einen Satz von Wataru Hiraizumi, einem Mitglied des japanischen Parlaments und einem einflußreichen Mitglied der Liberalen Partei, notiert: „Wir werden hart arbeiten, nach vorne schauen und viel Geld verdienen. Danach werden wir euer Land kaufen, und ihr werdet uns Miete zahlen müssen, um dort leben zu dürfen." „Der meint es ernst!" dachte José Ignacio López de Arriortúa. Die jüngste Geschichte begann ihm Recht zu geben. 1985 hatten die Japaner nur sechs Produktionswerke für Fahrzeuge in den Vereinigten Staaten mit einer Produktionskapazität von 469 000 Autos im Jahr. Das erschien nicht alarmierend. In den Vereinigten Staaten werden jedes Jahr 8 Millionen Fahrzeuge hergestellt. Aber heute, nur einige Jahre später, sieht die Realität ganz anders aus. Die Japaner stellen in Amerika 2,7 Millionen Autos im Jahr her, und es ist vorauszusehen, daß diese Anzahl sich bis Ende 1995 auf 3,3 Millionen Einheiten erhöhen wird. So muß die Devise lauten: Ran an die Arbeit! „Wir müssen innovativ, aggressiv, kreativ, besser als die anderen sein und arbeiten, arbeiten, arbeiten..., um zu gewinnen!"

López de Arriortúa war davon überzeugt, und er ist es noch immer, daß die japanischen Aktivitäten in den Vereinigten Staaten ein Programm sind, eine sehr genau durchdachte Strategie. Seiner Meinung nach hat sich Japan als Land sechs Ziele gesetzt, die es in Amerika verfolgt:

— den amerikanischen Markt für japanische Exporte offen zu halten;
— den Kauf von neuen Schlüsselindustrien in den Vereinigten Staaten zu erleichtern;
— die Kritik zurückzuweisen, die die aggressiven Konkurrenten Japans vorbringen;
— den politischen Einfluß der amerikanischen Unternehmen, die mit Japan wetteifern, zu neutralisieren oder, noch besser, ihn selbst auszuüben;
— die Handelspolitik der Vereinigten Staaten gegenüber Japan, Europa und allen anderen Märkten, in denen sie bedeutende wirtschaftliche Interessen haben, zu beeinflussen;
— eine integrierte Wirtschaft der beiden Länder zu schaffen, wodurch die Vereinigten Staaten daran gehindert werden, wirtschaftlich oder politisch einen Streit vom Zaun zu brechen.

Und all dies in organisierter Form mittels Ausgaben von ungefähr 400 Millionen Dollar jährlich für die „Bildung eines politischen Netzes, das auf lokaler Ebene im ganzen Lande funktioniert, um Einfluß über die Medien auszuüben, für Zahlungen an Rechtsanwälte mit großem Prestige und an einflußreiche Gruppen sowie für Vertragsabschlüsse mit ehemaligen Vertretern der amerikanischen Regierung von hohem Rang, unter denen sich auch der eine oder andere Expräsident befindet".

Auf einer der Folien, die López in seinen Seminaren zeigt, steht der Satz: „Japan ist anders". Darauf folgen Beispiele für die Behauptung, daß ausländische Unternehmen diskriminierend behandelt werden, wenn es um den japanischen Markt geht. „1978 erlaubte die japanische Regierung den Import von amerikanischen Geräten zur Blutanalyse nicht, weil das japanische Blut anders sei als das amerikanische. 1986 erlaubte sie die Teilnahme von ausländischen Unternehmen an der Wiederaufbereitung der Gebiete nach dem Bau des Flughafens von Kansai nicht, weil die Japaner behaupteten, daß ihre Erde anders sei. 1986 versuchte das Industrieministerium MITI zu verhindern, daß europäische und amerikanische Skihersteller ihre Produkte in Japan vorstellten, weil der japanische Schnee anders sei."

Das gilt dann so lange, bis die japanischen Unternehmen eine Weltmarktstellung erreicht haben. Danach werden ausländische Unternehmen ermuntert, in Japan aktiv zu werden. Aber diese sind dann chancenlos. Das ganze Spiel ist sehr pressewirksam.

López behauptet außerdem, daß die Japaner ihre eigenen Imagekampagnen, die in den Vereinigten Staaten geführt werden, bewundern und stolz darauf sind, weil sie glauben, daß dies eine angemessene Politik sei, um ihren eigenen

Markt und die Entwicklung der nationalen Unternehmen zu verteidigen. „Für Japan ist politische Strategie ein Schlüsselelement der Unternehmensstrategie. Deshalb versuchen sie, so stark wie möglich in den 'Markt' der nationalen Politik ihrer Wettbewerber einzudringen, und finden, daß alles Geld, das sie bei diesen Operationen ausgeben, eine legitime Ausgabe des Unternehmens ist."

Aber José Ignacio López de Arriortúa zieht die unternehmerische Strategie den politischen Künsten vor. Deshalb beschloß er, seine Kräfte auf die Entwicklung von „Waffen" zu konzentrieren, die auf der Produktion basieren. Dies ist das Gebiet, auf dem er glaubt, den Krieg, die dritte industrielle Revolution, gewinnen zu können.

Und was bedeutet PICOS? Welches Geheimnis versteckte sich im Kopf von Superlópez, um diese große Herausforderung anzunehmen? Es ist eine Angriffswaffe, die auf drei Säulen ruht: der Qualität, dem Service und dem Preis. Und dies alles mit einer Prämisse: „Der Kunde ist es, der befiehlt, er muß im Mittelpunkt unserer Arbeit stehen. Man muß studieren und analysieren, was er wünscht, und es ihm geben." „Unsere Kundschaft", bekräftigt er, „schätzt die Qualität, wobei sie diese mit so unterschiedlichen Kriterien wie Design, Verarbeitung, Leistung, Erhöhung des eigenen Prestiges bei Besitz des Produktes und auch die Kosten bewertet."

„Wir müssen die Autos so konstruieren, wie es der Konsument wünscht. Zum Beispiel möchte eine bestimmte Gruppe von Autokäufern sich keineswegs bei der Bedienung anstrengen. Nicht einmal, wenn es darum geht, die Heckklappe zu öffnen oder zu schließen. Deshalb haben wir am Cadillac Seville einen einfachen Mechanismus angebracht, der die Klappe senkt, wenn man einen leichten

Druck auf sie ausübt. Aber man muß diese Verbesserungen erzielen, ohne daß sich die Produktionskosten des Autos erhöhen. Ein anderes Beispiel: Der Kunde möchte, daß sein Auto sehr geräuscharm fährt. Gut, wir analysieren die Bereiche, in denen Lärm erzeugt oder übertragen wird, und stellen fest, daß ein Teil der Geräusche, die im Motor entstehen, durch die Karosserie nach außen dringt. Also haben wir uns gesagt: Wir müssen eine Motorhaube mit doppelter Wand produzieren, die den Motor besser isoliert. Und wir schlugen dem Zulieferer vor, daß er uns ein derartiges 'lärmschluckendes Teil' herstellt, aber der Preis für das neue Zulieferteil durfte nicht höher sein als der, für den es derzeit gekauft wird. Er versuchte dies und schaffte es."

Pedro Nueno, Dozent beim IESE-Institut und ein sehr angesehener Unternehmensberater in Spanien, versichert: „Die Überzeugungskraft von López de Arriortúa bei der Behauptung, daß wir Europäer kreativer und wettbewerbsfähiger als die Japaner sein können, ist ansteckend. Bei den Unternehmerversammlungen des Automobilsektors, die wir bei der IESE organisiert haben, haben andere Kollegen von López de Arriortúa aus europäischen, amerikanischen und japanischen Unternehmen wertvolle Ideen und gute Ansatzpunkte geliefert, um die Produktivität zu verbessern. Natürlich hält López de Arriortúa auch Dinge für möglich, die viele von uns als Zeichen für seinen mangelnden Realismus ansehen, weil sie zu weitreichend sind. Ich erinnere mich an ein Gespräch mit einem Direktor, der die Gelegenheit hatte, vor einiger Zeit mit López zusammenzuarbeiten. 'Ich war mit ihm und seiner Mannschaft drei Tage lang zusammen', bestätigte er wie verwandelt, 'er hat uns fast keine Zeit zum Schlafen gelassen.' 'Dieser Mann hat ohne Zweifel ein Modell, das im Übermaß das Gehalt rechtfertigt, das man ihm zahlt', fügte er hinzu. Derjenige, der so sprach, wollte mit ganzer Kraft neue Wege gehen: mit neuen Ideen, um konventionelle Probleme von einer anderen Perspektive aus anzupacken, und mit dem Mut, mehr Anstrengung und Enthusiasmus in die Arbeit einzubringen. In der akademischen Welt nennt man dieses Resultat Führerschaft."

Die Preise, die Kosten, sind der philosophische Stein, auf den Superlópez alle seine Erfolge stützt. Ihm paßt das traditionelle Schema der Produktion und des Verkaufs in der Industrie nicht: Fügt man, nachdem man die Produktionskosten eines Produktes kalkuliert hat, diesen einen angemessenen Gewinnaufschlag hinzu, dann ergibt die Summe als Ergebnis den Verkaufspreis. „Keineswegs!" mischt sich López de Arriortúa ein. „Der Kunde befiehlt, nicht wahr? Nun denn, man muß genau das Gegenteil wie früher machen. Man muß beginnen, sich zu fragen: Wieviel Geld ist der Kunde bereit, für dieses Produkt zu zahlen? Oder: Wie hoch ist der Preis, zu dem unsere Konkurrenz ein ähnliches Produkt verkauft? Das ist im Prinzip die Frage. Wenn wir diesen Verkaufspreis festgelegt haben, dann ziehen wir den Gewinn ab, den wir erzielen möchten, und dann haben wir die Kosten. Wir müssen es schaffen, zu diesen Kosten zu produzieren. Wenn wir dies nicht schaffen, wenn die Kosten explodieren, sind wir verloren. Und wenn wir es im Gegensatz dazu schaffen, sogar noch billiger zu produzieren, dann können wir triumphieren. Wir können sogar den Preis senken."

Wenn also ein Automobilhersteller ein neues Modell auf den Markt bringen möchte, muß er damit beginnen, sich zu fragen: Wieviel ist der Kunde bereit, für dieses Auto zu bezahlen? Oder: Wieviel kostet ein ähnliches Fahrzeug, das die Konkurrenz herstellt? Wenn die Antwort vorliegt, fehlt nur noch sehr wenig, um die tatsächliche Unbekannte herauszufinden: den Preis, zu dem man es herstellen muß. Und deshalb ist es im Arbeitsschema von Superlópez immer der Automobilhersteller, der seinen Zulieferanten den Preis diktiert und nicht umgekehrt. Du bist damit einverstanden oder du läßt es.

Deshalb ist es nicht schwer zu verstehen, daß den Lieferanten jedesmal der kalte Schweiß ausbricht, wenn sie sich mit José Ignacio López de Arriortúa treffen müssen, um einen neuen Vertrag auszuhandeln. Aber wie ein bauernschlauer Baske verwendet er die Strategie von Zuckerbrot und Peitsche. Er lockt seine leidenden Zulieferanten mit einem langfristigen Vertrag auf drei Jahre oder sogar auf Lebenszeit, der ihre Zulieferung während des gesamten Produktlebenszyklus eines Automodelles garantiert. Die Peitsche folgt darauf: Der Lieferant muß den Preis der Teile jedes Jahr um 1 bis 5 % senken, je nach dem möglichen Rationalisierungseffekt gemäß einer Lernkurve.

Er hat PICOS auch in Seide verpackt, um es attraktiver zu machen. Seinen Zulieferern sagt er: „Nur ruhig, ich reiche euch eine Hand." Einige denken sofort an ihren Hals. „Ich helfe euch, billiger zu produzieren, und wir teilen uns den Vorteil auf. Machen wir halbe-halbe. Einen Teil eurer Kostensenkungen müßt ihr mir abtreten, indem ihr mir die Teile billiger verkauft." Zur Ausbreitung seiner Lehre und um die Methodenverbesserungen, die er mit Erfolg in Figueruelas und in Rüsselsheim eingeführt hat und die ihn in Detroit berühmt gemacht haben, in den Fabriken seiner Zulieferanten einzuführen, umgibt sich Superlópez immer mit einer Mannschaft von „warriors", von Kriegern der dritten industriellen Revolution – eine Mannschaft von Ingenieuren, viele davon Spanier, die er nach seinem Bild geformt hat, die ihm ähnlich sind und an ihn wie an einen geistigen

Führer glauben. Viele von ihnen folgen ihm bei seinen Umzügen nach. Von Saragossa nach Rüsselsheim, von dort nach Detroit und jetzt von neuem nach Deutschland, nach Wolfsburg.

Er weiß, daß es nicht einfach ist, die Traditionen der Zulieferfabriken zu überspringen, um ihnen zu sagen, wie sie die Dinge angehen sollen, und um ihnen den Schlüssel für die dritte industrielle Revolution in die Hand zu geben. Aber nach den vielen Peitschenhieben in Form von Knebelungsverträgen, wer kann da widerstehen? Wer ruft nicht die Krieger von Superlópez, damit sie schnellstens PICOS anwenden, bevor das Unternehmen bankrott macht? Ganz allmählich nehmen die Zulieferer den von López tausendfach verkündeten Unterschied zwischen Preisdrückerei und systematischer Kostensenkung wahr. Er wiederholt es immer wieder: „Nur diejenigen werden überleben, die beweisen, daß sie wettbewerbsfähig sind. Der Rest wird sterben." Superlópez kommt persönlich in die Fabriken seiner Zulieferanten oder zumindest zu denjenigen, die schwer zu überzeugen sind, die zu sehr protestieren oder die man nicht zum Teufel schicken kann, weil sie zu wichtig sind für die Produktion.

Er reiste vor einigen Jahren, begleitet von einem seiner treuesten Mitarbeiter, Andoni Bergareche, nach Japan, um einen Lieferanten zu besuchen. Sobald er angekommen war, besichtigte er die Fabrik mit verschiedenen Ingenieuren des japanischen Unternehmens. Und er verteilte gleich, wie es seine Art ist, vom ersten Moment an Ratschläge: „Diese Maschine müßte dort stehen, diese da hier, und das Fließband dort an einem anderen Ort..." Und dies ohne Pause. Aber die japanischen Ingenieure waren mit dieser Art nicht einverstanden. Wie es bei allen übrigen „Sterblichen" der Fall ist, gefiel es ihnen schon gar nicht, daß ein „Fremder" daherkam, um ihnen zu sagen, wie sie die Dinge anpacken sollten. Und wenn es dann noch Japaner sind und man mit ihnen über industrielle Organisation spricht, dann ist das zwecklos. Am Ende des ersten Arbeitstages, um Mitternacht, waren alle erschöpft. Superlópez war außerdem sehr wütend. Die Japaner nahmen nicht eine seiner Empfehlungen an, und er war sich darüber im klaren, daß er hier seine Zeit nutzlos verlor.

Am folgenden Tag begann er von neuem. López bemerkte, daß seine Begleiter, die japanischen Ingenieure, müde waren. Das war nicht weiter verwunderlich. Sie gaben ihm eine Erklärung dafür, die er für seine Zwecke ausnutzen konnte: Sie hatten mehr als zwölf Stunden in der Fabrik gearbeitet, und sie brauchten weitere zwei Stunden für den Nachhauseweg. Hin und zurück also vier Stunden. Es war um acht Uhr morgens, sie mußten einen neuen Arbeitstag beginnen und hatten nur vier Stunden geschlafen! Er jedoch war viel besser ausgeruht. Sein Hotel lag nur einen Kilometer von der Fabrik entfernt. Er beschloß, sie mit Hilfe ihrer Erschöpfung mürbe zu machen. Der zweite Arbeitstag verlängerte sich auch bis Mitternacht. Die Japaner waren buchstäblich total erschöpft. Und ... am dritten Tag kam der Erfolg. Jedesmal, wenn Superlópez einen Vorschlag machte, akzeptierten die japanischen Ingenieure ihn ohne Widerspruch und bewegten die Maschinen und die Arbeiter. Und wenn er von ihnen verlangt hätte, einen Handstand zu machen, dann hätten sie dies auch getan. „Entweder hören wir auf ihn und sind diesen Typ bald los, oder wir werden sterben", dachten sie.

Offensichtlich entspricht die Methode PICOS der biblischen Botschaft, die ihm so gefiel: „Dient, und es wird euch gedient werden." Aber dahinter steckt noch viel mehr. Neben dieser Strategie der Hilfe für die Zulieferer entwickelte López de Arriortúa daraus auch noch eine komplexe und ausgeklügelte Überwachung seiner „Partner". Er entdeckte, wer ihn betrog, er kontrollierte die Qualität der Produkte, bevor er sie kaufte, und vor allem analysierte er ihre Kosten. Dadurch korrigierte er zum Beispiel seine eigenen Fehler, wenn er entdeckte, daß die Herstellungskosten für ein Teil viel niedriger waren, als er geglaubt hatte, und stark von dem Preis abwichen, den er bereit war, für dieses Teil zu zahlen. Der Zulieferer hatte keine andere Wahl, und heute kennen viele auf der ganzen Welt, die es „gewagt" haben, auf der Liste der Zulieferer von Superlópez zu stehen, die genaue Bedeutung des Begriffes „sich in einer auswegslosen Situation befinden".

Einen besonderen Bekehrungseifer entwickelt José Ignacio López de Arriortúa bei der Notwendigkeit, ständig die Produktionsprozesse in den Fabriken zu verbessern. Er war immer verliebt in die Fabrikhallen, in die Maschinen, in die Industrie im allgemeinen. Ihm gefiel die Arbeit im Büro nicht besonders, seine Füße liefen viel lieber auf dem Zementboden einer Fabrik als auf den Teppichen der Bürogebäude. Vielleicht praktiziert er deswegen fast jeden Tag dasselbe Ritual, das ihn schon während seiner Zeit bei Firestone auszeichnete. Er kommt in seinem Büro an. Er grüßt, sagt seinen Sekretärinnen „Guten Morgen", legt seine Aktentasche auf seinen Schreibtisch und beginnt einige Minuten später, mit einem seiner Mitarbeiter einen Rundgang durch einen Teil der Fabrik zu machen.

Viele der Innovationen, die er an den Produktionsbändern von General Motors oder jetzt von Volkswagen eingeführt hat, fielen ihm direkt neben den Maschinen ein, nachdem er sie genau analysiert hatte.

In den Seminaren, die er im Laufe der letzten Jahre für Führungskräfte von Unternehmen in der ganzen Welt gegeben hat, vor allem für diejenigen aus der Zulieferindustrie der Automobilbranche, hat er immer versucht, ihnen die Notwendigkeit einzuhämmern, einen kontinuierlichen Verbesserungsprozeß anzustreben. Der CIP – Continuous Improvement Process – muß eine der Hauptsorgen eines Unternehmers sein, der den Kampf um die Wettbewerbsfähigkeit gewinnen will. „Der Prozeß der kontinuierlichen Verbesserung bedeutet eine Verbesserung, bei der alle mit einbezogen sind: die obere Führungsebene, die Unternehmer, die Arbeiter. Es ist ein Prozeß, der die Anstrengungen der ständigen Innovationen ergänzt."

Immer hat López berücksichtigt, daß es, wie bei vielen anderen Produktionstheorien auch, nicht reicht, sich den Kopf zu zerbrechen, um neue Produkte und revolutionäre Anwendungen zu finden oder Verbesserungen im Design zu erreichen. Man muß außerdem besser, schneller und so kostengünstig wie möglich produzieren.

In den Jahrzehnten, die der Erdölkrise vorausgegangen sind, hat die Wirtschaftswelt einen niemals dagewesenen Erfolg erlebt mit einer ständig anwachsenden Nachfrage nach neuen Technologien und neuen Produkten. Es war ein Zeitraum, in dem die Strategie der Innovation gute wirtschaftliche Ergebnisse brachte. Diese Strategie erhielt Impulse durch die Technologie und erreichte ihren Höhepunkt in Zeiten des schnellen Wachstums und der hohen Gewinnmargen. Es herrschte ein Klima der

— Märkte, die sich schnell ausdehnten;
— Konsumenten, die mehr an Quantität als an Qualität interessiert waren;
— ausreichenden Rohstoffe zu niedrigen Kosten;

— Überzeugung, daß der Erfolg mit innovativen Produkten die niedrigen Erträge aus traditionellen Geschäften kompensieren könnte;

— Führungsstrategie, die der Erhöhung der Verkaufszahlen mehr Bedeutung beimaß als der Kostenreduzierung.

Superlópez ist davon überzeugt, daß es notwendig ist, die Fahrtrichtung zu ändern: eine Änderung, die der Markt selbst bereits in großem Maße erzwungen hat und die durch die jeden Tag größer werdenden Forderungen der Konsumenten erforderlich werden.

All dies gehört bereits der Vergangenheit an. Die Ölkrise der siebziger Jahre änderte die internationale industrielle Umgebung radikal und endgültig, besonders in der Automobilindustrie. Die neue Situation ist gekennzeichnet durch

— einen starken Anstieg der Materialkosten und der Kosten für die Arbeitskräfte;

— exzessive Kapazität der Produktionswerke;

— größere Konkurrenz zwischen Unternehmen in gesättigten oder schrumpfenden Märkten;

— den Wertewandel bei den Konsumenten und größere Forderungen an die Qualität;

— die Notwendigkeit, neue Produkte schnell einzuführen;

— die Notwendigkeit, den Break-even-Punkt zwischen Erlösen und Kosten zu senken.

López glaubt, daß es unumgänglich sei, wachsam zu bleiben und gleichzeitig zu versuchen, Änderungen zur Verbesserung der Produktion einzuführen, so klein sie auch sein mögen, um den Herausforderungen gewachsen zu sein, denen sich die Industrie Ende des 20. Jahrhunderts gegenübersehen wird.

Es ist nicht möglich, eine Antwort auf diese neuen Marktbedingungen zu finden, wenn man sich nur auf die Innovation konzentriert, d.h. auf die großen Fortschritte. Der Prozeß der kontinuierlichen Verbesserung strebt danach, die operative Arbeit zu unterstützen und zu verbessern, in der Produktion und in der Verwaltung: durch permanente kleine Verbesserungen – meist durch die Mitarbeiter selbst.

Dies bedeutet eine kontinuierliche Veränderung, um mit den neuen Herausforderungen fertigzuwerden. Das bedeutet nicht die Abkehr von der Innovation, denn sie ist ebenso wie die kontinuierliche Verbesserung notwendig für Erfolg und Wohlstand des Unternehmens. Es ist ein Instrument, um Probleme zu lösen durch die Errichtung einer Unternehmenskultur, in der alle diese Probleme offen erkennen können. Auf diese Weise befähigt der Prozeß der kontinuierlichen Verbesserung die Direktion, sich auf die Systeme und auf die Zusammenarbeit zur funktionsübergreifenden Lösung der Probleme zu konzentrieren.

Genauso wie in seiner Methode PICOS, die sich vor allem an die Zulieferer richtet, glaubt José Ignacio López de Arriortúa auch bei der Konzeption eines Systems der kontinuierlichen Verbesserung der Produktionsmethoden, daß der Kunde König sein muß, das Zentrum der Aufmerksamkeit für alle Handlungen, die innerhalb einer Fabrik stattfinden.

Es ist davon auszugehen, daß alle Aktivitäten danach streben müssen, einen zufriedeneren Kunden bezüglich der Qualität, der Preise und des Service zu erhalten, indem man seine Bedürfnisse hinsichtlich der Menge, der Belieferung und der Unterstützung erfüllt. Die Rolle der Unternehmensleitung besteht darin, sich ständig anzustrengen, um bessere Produkte zu niedrigeren Preisen und mit einem besseren Service anzubieten. Der Prozeß der kontinuierlichen Verbesserung ermöglicht es, den Schwerpunkt auf die Systeme und Instrumente zur Problemlösung zu legen, die verwendet werden können, um dieses Ziel zu erreichen.

López war immer der Meinung, daß alle „Herren Arbeiter", aus denen sich ein Unternehmen zusammensetzt, irgendeine Rolle in diesem Krieg zu spielen haben. Er ist überzeugt, daß die Verbesserung der Wettbewerbsfähigkeit sich nicht nur von den Schreibtischen der höchsten Verantwortlichen eines Unternehmens aus erreichen läßt, sondern daß man in die Schlacht alle miteinbeziehen muß, auch jeden einzelnen, der an der Produktion beteiligt ist. Er erzählt gerne mit einem gewissen Stolz und sogar einer Prise Eitelkeit, wie sehr es die Arbeiter motiviert, wenn er mit ihnen über die verschiedenen Möglichkeiten, die Produktionsprozesse zu verbessern, diskutiert. Er versichert, daß bei den Arbeitern eine Art von kollektivem Enthusiasmus entsteht, wenn man sie an dem Experiment teilhaben läßt, an dessen Entwicklung sie fundamental beteiligt sind. Es ist so, als ob man die ganze Mannschaft dazu bringt, die Rolle von Ingenieuren oder Finanzdirektoren zu übernehmen.

Es muß eine prozeßorientierte Denkweise sein und ein Führungssystem, das die Anstrengungen der Leute, sich zu verbessern, unterstützt und anerkennt. Dies steht eindeutig im Widerspruch zu den traditionellen Führungspraktiken, die die Beteiligung der Leute ausschließlich auf der Grundlage der Ergebnisse bewerteten, ohne die Anstrengung zu prämieren, die dafür erforderlich war. Bei einer Führung,

127

die sich auf die Prozesse konzentriert, muß der Direktor die Anstrengungen seiner Angestellten, ihre Arbeitsweise zu verbessern, unterstützen und weitere Anstöße geben. Dieses Führungssystem verlangt eine langfristige Perspektive und erfordert normalerweise gewisse Veränderungen in der Verhaltensweise. Einige Kriterien für dieses Führungssystem sind: Disziplin, Fortbildung, Mitwirkung, Einbeziehung in den Prozeß und offene Kommunikation. Auf diese Art und Weise nehmen die Arbeiter aktiv an dem Prozeß teil, in dem sie Schlüsselfiguren spielen.

Die Methode muß interfunktional sein. Deshalb beschränkt sie sich nicht nur auf einen einzigen Bereich, wie z.B. die Produktion, sondern sie untersucht die ganze Organisation einschließlich der Bereiche wie Arbeitsbeziehungen zwischen Arbeitern und Unternehmen, Systeme der Motivation – und der Entlohnung für ausgeführte Arbeiten, Marketingpraktiken, Kundendienst, Forschung und Entwicklung, Finanzierung und Beziehungen zu den Lieferanten.

Die Endziele, die man in diesem Verbesserungsprozeß erreichen soll, sind seiner Meinung nach

— die Verschwendung erkennen und eliminieren;
— die Arbeitsprozesse vereinheitlichen;
— die Arbeitsplätze organisieren;
— die Führung visualisieren;
— die Qualität verbessern.

Als man ihn zum stellvertretenden Direktor von General Motors Corporation ernannte, ließ er auf die Rückseite seiner Visitenkarte eine Botschaft drucken, eine Mischung aus Zuckerbrot und Peitsche:

Mitteilung an unsere Lieferanten

Lieber Mitarbeiter und Verbündeter,
wir danken Ihnen für Ihre Kooperation und begrüßen Ihre Kreativität und Ihre Anstrengung, jeden Tag die drei Schlüsselfaktoren der Wettbewerbsfähigkeit zu verbessern: Qualität, Service, Preis. Diese Maxime erlaubt es uns, die Verbesserungen unseren Kunden in Form eines höheren Wertes eines jeden Produktes von GM zugute kommen zu lassen. Wir laden Sie ein, Mitglied in unserer siegreichen Mannschaft von GM zu werden und an dem Bestreben unserer Gesellschaft teilzuhaben, die Automobilindustrie mit hervorragenden Produkten und zufriedenen Kunden anzuführen. Wir arbeiten gemeinsam, um zu gewinnen.

Das war deutlich. Um ein Lieferant von General Motors zu sein, genügte es nicht, ein Hersteller von Teilen zu sein. Man mußte außerdem den Geist eines Kriegers haben und dazu bereit sein, am Wettbewerb, den Superlópez in Gang gesetzt hatte, teilzunehmen.

CHILTON'S

FEBRUARY 1993

AUTOMOTIVE INDUSTRIES

THE PEOPLE — THE PRODUCT — THE PROCESS

GM

MAN 1993 OF THE YEAR

Ignacio Lopez
VP Worldwide Purchasing

10

Ein Provinzler in Detroit

IM April 1992 brach die Revolution bei der General Motors Corporation aus. Es war nicht die dritte industrielle Revolution, die José Ignacio López de Arriortúa predigte, sondern eine andere, subtilere, hausgemachte: Die Sitzung des Aufsichtsrats endete mit einem Faustschlag auf den Tisch. Die Verluste des Unternehmens waren im letzten Geschäftsjahr in die Höhe geschnellt, bis sie die Rekordzahl von 5,25 Milliarden DM erreichten. Die Sorgen des Rates konzentrierten sich nicht nur allein auf die Verluste von 1991. Was ihn noch mehr beunruhigte, war die fehlende Dynamik des Managements dieses 800 000-Mann-Unternehmens und die offensichtliche Unfähigkeit, auf eine Notsituation angemessen zu reagieren.

Die Krise schwelte ja schon ein Jahrzehnt lang, und jetzt lief das Faß über. Die ersten roten Alarmlichter waren bei General Motors in den achtziger Jahren angegangen. Alle US-Automobilhersteller begannen die Auswirkungen eines allmählichen Kundenschwundes zu spüren. Bis dahin hatten sich die Unternehmen nur darum gekümmert, große Autos herzustellen, mit einem Design, in dem sich bis zur Perfektion der „american way of life" widerspiegelte, aber ohne sich allzusehr um die Qualität des Produktes zu kümmern: Die Autos hatten ein hohes Gewicht und besaßen Motoren, die Benzin nicht nur verbrauchten, sondern es „soffen". Die Importe von japanischen Fahrzeugen, die einen immer größeren Marktanteil ab Mitte der siebziger Jahre gewannen, riefen eine einschneidende Einstellungsänderung bei einem bedeutenden Teil der Bevölkerung hervor. Die Amerikaner entdeckten mit den japanischen Autos ihre Vorliebe für kleine Dinge. Sie wurden sich nicht nur darüber klar, daß auch ein kleineres Auto – zumindest im Vergleich mit Cadillac, Oldsmobile, Pontiac usw. – glänzende Eigenschaften haben konnte, sondern sie bemerkten auch, daß es sich dabei um Qualitätsprodukte handelte. Die Motoren hatten viel weniger Pannen als die der amerikanischen Autos, und ihr Benzinverbrauch war erheblich niedriger.

Die ganzen achtziger Jahre hindurch war General Motors ein richtiges Experimentierlabor, die meiste Zeit jedoch ohne Erfolg bei dem Versuch, die Situation in den Griff zu bekommen.

Das Unternehmen entstand am 16. September 1908 durch eine Fusion der vier Automobilhersteller Oldsmobile, Cadillac, Buick und Oakland und wurde Jahre später Pontiac getauft. Im Jahre 1918 trat der Holding auch das Unternehmen Chevrolet bei. Seit diesen Anfängen von General

Motors lassen sich viele Krisen aufzählen. Aber diejenige, der sich die Führung im April 1992 gegenübersah, übertraf alles Vorangegangene.

Bis jetzt war der Aufsichtsrat von General Motors durch seine Sanftmut gekennzeichnet gewesen. Eine wahre Schafsherde, die sich laut Ross Perot, dem Präsidentschaftskandidaten der Vereinigten Staaten bei den letzten Wahlen, „damit begnügt, Konferenzen abzuhalten, zu lachen und nach Hause zu gehen". Eine Herde, der Leon H. Sullivan, der Pfarrer der Baptistenkirche in Philadelphia, als Mitglied angehört. Ross Perot durchschaute das Geflecht von General Motors, denn bis Mitte der achtziger Jahre war er durch den Verkauf seiner Software-Firma (35 000 Mitarbeiter) an GM einer der Hauptaktionäre, der einen Sitz im Aufsichtsrat besaß. Der ungestüme Unternehmer, müde geworden, weil die Unternehmensleitung seinen Appellen nicht folgte, beschloß, nach und nach alle seine Aktien zu verkaufen, ein Geschäft, das ihm die nicht zu verachtende Summe von 751 Millionen Dollar einbrachte. Perot hatte zum Beispiel die Unfähigkeit der Führungsmannschaft, Probleme zu lösen, kritisiert, sowie ihre exzessive Vorliebe, Geld auszugeben, um damit externe Berater unter Vertrag zu nehmen. Zwei Jahre nachdem er den Aufsichtsrat des Unternehmens verlassen hatte, erklärte er: „Ich komme aus dem Wilden Westen, wo du eine Schlange sofort tötest, wenn du sie siehst. Bei General Motors ist es so: Wenn sie eine Schlange sehen, dann ziehen sie zuerst einen Schlangenspezialisten zu Rate."

Der Aufsichtsrat von General Motors beschloß, mehr Verantwortung von seinen wichtigsten Führungskräften zu fordern und einige Köpfe rollen zu lassen. Die Verluste von General Motors hatten sich im Laufe des Jahres 1991 auf 870 Millionen Dollar erhöht. Bei den konsolidierten Ergeb-

nissen des Unternehmens konnte diese Zahl zum Teil reduziert werden dank der Gewinne, die in der europäischen
Niederlassung gemacht worden waren. So war der erste
Kopf, der unter die „Guillotine" kam, der von Lloyd Reuss,
Präsident von North American Operations und Nummer
zwei der multinationalen Gesellschaft. Der Aufsichtsrat beschloß, den Kopf des Präsidenten von GM, Robert Stempel,
zu retten, der im August 1990 auf den Thron gehoben worden war, obwohl man seine Exekutivmacht in erheblichem
Umfang einschränkte.

John Smale, der bisherige Direktor von Procter & Gam-
ble, wurde von diesem Tag an der Vorsitzende des Exekutiv-
ausschusses des Unternehmens; zur gleichen Zeit ersetzte
John Smith, der die „Überseegeschäfte" geschickt geleitet
hatte, Lloyd Reuss, den Chef der Geschäfte in Nordamerika.

Smith hatte eine schwierige Herausforderung vor sich:
ein Unternehmen zu lenken, in dem es bereits im ersten
Quartal von 1992 Anzeichen dafür gab, daß es sich auf dem
Weg zu einem neuen Rekordverlust befindet. Geboren 1938
in Worchester im Staat Massachusetts, begann er 1960 Be-
triebswirtschaft zu studieren, und fünf Jahre später verließ
er die Universität von Boston mit dem strahlenden Titel eines „Master of Business Administration". Von der Zeit an
war sein Berufsweg mit General Motors verbunden; zuerst
im Finanzwesen, später in der Planung, dann wurde er Präsident der Niederlassungen in Kanada und Europa, und ab
1987 war er verantwortlich für alle Geschäfte von GM
außerhalb der Vereinigten Staaten. Nach Meinung des Auf-
sichtsrates war er genau die Person mit fester Hand, die das
Unternehmen brauchte, um die von Robert Stempel Ende
1991 verkündeten Anpassungspläne, die noch in der Schublade schlummerten, in die Tat umzusetzen: die Schließung

von 21 der 135 Fabriken von General Motors in den Vereinigten Staaten und den Abbau von 74000 Arbeitsplätzen. Außerdem sollte er die Produktivität des Unternehmens erheblich steigern. Gemäß einer Studie, die vom Technologischen Institut von Massachusetts (MIT) 1990 durchgeführt worden war, benötigte General Motors 27 Stunden, um ein Auto zu fertigen, während die japanischen Konkurrenten in der Lage waren, es in 17 Stunden zu produzieren.

Smith zögerte keine Sekunde. Einer seiner wichtigsten Assistenten bei dem Versuch, das Unternehmen in Amerika umzukrempeln, sollte Iñaki López de Arriortúa werden, jener Zauberer für Einkaufsstrategien, den er während seines Aufenthalts in Europa kennengelernt hatte und der ihn sehr beeindruckt hatte. Superlópez war in seinem Büro in Rüsselsheim: „Meine Sekretärin war so weiß wie ein Gespenst. 'Jack Smith', sagte sie zu mir, 'fragt nach Ihnen.' Er kam direkt zur Sache: 'Iñaki, ich brauche dich hier. Bitte, denke darüber nach. Ich weiß, daß es schwierig ist, dich anderswohin zu bewegen, und ich könnte es deshalb verstehen, wenn du nein sagen würdest.' Und ich sagte zu ihm: 'Jack, für dich habe ich nur zwei Antworten: 'yes' oder 'yes, sir'."

Einige Tage später reiste José Ignacio López de Arriortúa für ein paar Tage nach Bilbao. Sein Haus diente ihm als Hauptquartier und Ruhepol inmitten einer Verhandlungsphase mit Zulieferern, die er schon lange führen wollte. Die Nachricht von seiner Versetzung in die Vereinigten Staaten begann sich bereits in den Büros von General Motors sowohl in Rüsselsheim als auch in Saragossa zu verbreiten. Agustín Tellería, sein früherer Vorgesetzter, rief ihn in Busturia an. Es war zehn Uhr nachts, Superlópez kam gerade von einem Besuch der Fabrik Firestone in Burgos zurück.

„Iñaki, ich habe gehört, daß du in die Vereinigten Staaten gehst."

„Um die Wahrheit zu sagen, ich habe keine Ahnung davon. Ich weiß nichts darüber."

Superlópez beschloß, alles abzuleugnen, um nicht das Vertraulichkeitsprinzip zu verletzten, das er einhalten mußte, bis ihm der Aufsichtsrat von General Motors selbst diese Nachricht geben würde.

Am folgenden Tag hielt jedoch schon der größte Teil der spanischen Journalisten die Ernennung von López de Arriortúa zum Group Vice President des multinationalen Unternehmens und zum höchsten Verantwortlichen des Einkaufs für sicher. Tellería fühlte sich getäuscht und war verärgert. Superlópez war sein Freund, und sein Verhalten war nicht einwandfrei. Diese Nachricht durch die Presse erfahren zu müssen, nachdem er nur einige Stunden vorher mit dem Protagonisten davon gesprochen hatte, das war nicht in Ordnung. Er beschloß, seinem Ärger Luft zu machen, und rief López nochmals in Busturia an.

„Iñaki, du bist ein schlechter Freund. Gestern abend hast du mir noch gesagt, du wüßtest nichts von den Vereinigten Staaten, und heute veröffentlichen die Zeitungen, daß du zum Group Vice President ernannt worden bist und nach Detroit gehst."

„Der Grund ist", Superlópez zog es vor, zu einer kleinen Notlüge zu greifen, um nicht die Wahrheit sagen zu müssen, „als du mich angerufen hast, wußte ich noch nichts davon. Smith hat mich eine Stunde später angerufen und es mir mitgeteilt."

Superlópez begann seinen triumphalen Einzug in die Büros von Detroit an einem Freitag. Es war der erste Mai, „ein hervorragendes Datum, um mit der Arbeit zu beginnen". Nicht alles war in Ordnung. López de Arriortúa mußte seine erste Enttäuschung gleich nach seiner Ankunft in den Vereinigten Staaten hinnehmen, als er erfuhr, daß man ihn nur zum Group Vice President ernannt hatte, während Smith ihm den Posten des Vice President angeboten hatte. Auf den ersten Blick und für Nichteingeweihte sieht es so aus, als handele es sich hierbei nur um einen kleinen Unterschied in der Bezeichnung; nicht so bei General Motors: GM hat sechs Vice Presidents, obwohl die Anzahl sich je nach Zeit und Struktur ändern kann, was vom President bestimmt wird. Nach dem Executive Vice President sind sie die Hauptverantwortlichen für verschiedene Geschäftsbereiche der Gesellschaft. Von denen, die „nur" Group Vice President sind, gibt es jedoch nicht weniger als 40. Diese Angelegenheit – der erste Nadelstich, der dem beruflichen Herzen von Superlópez versetzt wurde – hatte in der Praxis keine allzu große Auswirkung. Sein direkter Kontakt mit Jack Smith war garantiert, und von ihm hingen alle Einkäufe des multinationalen Unternehmens ab: 55 Milliarden Dollar pro Jahr.

Er hielt eine erste Konferenz ab, um die Mitglieder der Einkaufsmannschaft kennenzulernen. Sie sollten seine Untergebenen sein und die erste Unterrichtsstunde erhalten. Er erinnerte sie an die Situation des Unternehmens, sie kannten sie so gut wie er, aber die Karten mußten offen auf den Tisch gelegt werden: „Dieses Unternehmen macht Verluste, und unsere Aufgabe ist es, wieder Gewinne zu machen." Um acht Uhr abends an diesem 1. Mai beschloß er, die Sitzung aufzuheben. Sie hatten um zwölf Uhr mittags angefangen, für den ersten Kontakt war das gar nicht schlecht. Er hatte ihnen bereits die ersten Begriffe von PICOS eingehämmert und ihnen VASCO erklärt, das System der ständigen Bewertung der Produktivität, das er mit einem Namen taufte, der sehr mit seinem Herkunftsland (el pueblo vasco – das Baskenland) verbunden ist, und vor allem erklärte er ihnen die Notwendigkeit, die Produktionskosten zu senken. Als er ihnen sagte: „Wir machen morgen weiter", zogen die Führungskräfte von General Motors lange, enttäuschte Gesichter. „Verdammt!" rief einer von ihnen aus, „morgen ist doch Samstag!" „Ich weiß", erwiderte Superlópez spontan. „Und Sie wissen auch, daß das Unternehmen Verluste macht und daß man Sie genau für das Gegenteil bezahlt, nämlich dafür, um Gewinne zu machen. Deshalb sind wir hier, um zu arbeiten, nicht wahr? Ich wiederhole, wir sehen uns morgen."

Und sie sahen sich an jenem Samstag und noch an vielen anderen mehr. Aber es war nicht nur das Ausschlafen an den Samstagmorgen, das den Untergebenen von López de Arriortúa in Detroit verlorenging. Nach einigen Tagen im Hauptquartier von North American Operations bemerkte er, daß um fünf Uhr nachmittags der Auszug der Führungskräfte aus jeder Abteilung begann. Er forschte ein wenig nach und fand heraus, daß es deren Gewohnheit war, nachmittags eine Partie Golf zu spielen – sozusagen als Therapie gegen Streß. Man war im Krieg, mitten in der industriellen Revolution, und da gingen sie um fünf Uhr nachmittags weg zum Golfspielen! Das waren nicht die Krieger, die Superlópez in seiner Mannschaft haben wollte. Deshalb beschloß er, daß fünf Uhr dreißig am Nachmittag die beste Zeit für die tägliche Besprechung der Führungsmannschaft sei, die ihm unterstand. Eine Veranstaltung, die sich mit Sicherheit bis acht oder neun Uhr abends ausdehnen würde. Es blieb keine Zeit mehr, um Golf zu spielen. „Wenn jemand nachmittags Golf spielen geht, dann denkt er ab

Mittag an nichts anderes mehr. Er kann sich nicht konzentrieren und verliert einen halben Arbeitstag", kritisierte Superlópez den einen oder anderen Mitarbeiter, der es wagte, zu protestieren.

Er war bereit, seine Arbeit perfekt zu machen und zu versuchen, die Produktionskosten von General Motors um das Maximum zu senken. Er wünschte vor allem, daß sich die Verluste der Gesellschaft so schnell wie möglich verminderten, damit er mit mehr Ruhe arbeiten konnte. Bei einem der ersten Treffen mit seinen Mitarbeitern teilte er ihnen mit, daß ab diesem Tag die ganze Mannschaft eine Art Talisman tragen sollte, um sie dazu zu animieren, ihre Aufgabe mit der größten Anstrengung zu erfüllen. Sie sollten ihre Armbanduhren am rechten Handgelenk tragen, und zwar so lange, bis General Motors einen historischen Rekord bei den Gewinnen erzielt hätte. Jeden Morgen, nachdem sie aufgewacht waren, erinnerten sich die Führungskräfte der Abteilung Einkauf von GM, daß sie noch nicht ihr Ziel erreicht hatten, und gingen mit der Armbanduhr am rechten Handgelenk aus dem Haus.

Die amerikanischen Zulieferer erfuhren schnell von seiner Ankunft in den Büroräumen von General Motors und von der Aufgabe, die man ihm anvertraut hatte. Superlópez versammelte die sechshundert wichtigsten Lieferanten von GM in den Vereinigten Staaten zu einer Arbeitskonferenz. Die meisten von ihnen nahmen über „Televideo" daran teil, um nicht nach Detroit fahren zu müssen. Dort erklärte José Ignacio López de Arriortúa den amerikanischen Teileherstellern das PICOS-System und den Kampf gegen die asiatische Bedrohung. Alle waren begeistert von der Redekunst der baskischen Führungskraft und ihrem Sinn für Humor. Aber einige Tage später änderten sie ihre Meinung völlig,

nämlich als sie eine Mitteilung der Abteilung Einkauf von General Motors erhielten, in denen ihnen die „Notwendigkeit" mitgeteilt wurde, alle Zulieferverträge neu zu verhandeln. Eine Neuverhandlung, die die Verpflichtung mit sich brachte, die Preise im Laufe der folgenden Jahre erheblich zu senken. Im Umfeld der amerikanischen Automobilindustrie begann man von nun an, von der Existenz eines „Clubs der López-Betroffenen" zu munkeln.

Diese Angst der Zulieferer vor López' Geschäftsführung war weit verbreitet. Ende 1992 nahm eine Gruppe von Unternehmern aus dem Baskenland in Vitoria an einer Tagung teil, bei der auch Eli Goldratt anwesend war, einer der angesehensten Unternehmensberater auf internationaler Ebene im Industriebereich: Dieser erhielt die Kleinigkeit von 21 000 DM für jede Konferenz, an der er beteiligt war. Goldratt kannte alle Geheimnisse von General Motors, denn er hatte mit diesem Unternehmen fast ein Jahrzehnt lang zusammengearbeitet. Einer der baskischen Unternehmer teilte Goldratt seine Besorgnis über die veränderten Marktbedin-

gungen für Unternehmen und über das Wachstum der internationalen Konkurrenz in den letzten Jahren mit. „Sorgen Sie sich nicht so sehr um den Preis der Produkte, die Sie herstellen", antwortete ihm Eli Goldratt. „Sie müssen den internen Bedingungen ihrer Fabrik mehr Beachtung schenken, den Lieferterminen und einer guten Beziehung zu ihren Kunden. Sich auf den Preis festlegen, das müssen nur die Zulieferer des Herrn López de Arriortúa. Oder sind Sie etwa einer von ihnen?"

Zur gleichen Zeit, als der „Guru" Goldratt versuchte, die Figur López de Arriortúa zu entmystifizieren, erlebte General Motors eine neue Führungskrise. Die Gesellschaft kündigte gerade an, daß die Verluste im dritten Quartal bis zu einer Höhe von 753 Millionen Dollar angestiegen waren. Die Situation war unhaltbar. Angesichts der Ergebnisrechnung gerieten einige wichtige Aktionäre in Panik, vor allem eine Gruppe von einflußreichen Group Vice Presidents. Ihre Analyse war klar: Der Präsident der Gesellschaft, Robert Stempel, hatte sich als viel zu weiche Führungskraft erwiesen, als es an der Zeit war, die Anpassungsmaßnahmen in Gang zu setzen, die er vor Monaten angekündigt hatte. Zum Beispiel hatte er es nur gewagt, 14 Schließungen von Fabriken anzukündigen, obwohl in seinen Plänen 21 Schließungen geplant waren.

Bei den Protesten, die unter den Aktionären und der Führungsmannschaft der Gesellschaft laut geworden waren, teilten einige Executive Vice Presidents Stempel eine eindeutige Nachricht mit: Er sollte zurücktreten. Mehrere Tage lang hatte der Vorsitzende von General Motors, ein ehemaliger Rugbyspieler von zwei Metern Größe, intensive Unterredungen mit dem Vorstand des Unternehmens. Er weigerte sich, seinen Posten zu verlassen, und veröffentlichte seine Absicht, weiter bei GM zu bleiben, wenngleich er die letzte Entscheidung über seine Zukunft dem Vorstand überließ. „Wir konnten nie erreichen, daß er uns auf irgend etwas eine klare Antwort gab", bestätigte damals einer der kritischen Mitglieder des Rates. „Alle waren durcheinander und aufgeregt. Er war einfach nicht die geeignete Person."

Der Vorstand von General Motors beschloß, Stempel sein Vertrauen zu entziehen. Stempel sah sich gezwungen, inmitten einer neuen Gerüchtewelle über die Zukunft des Unternehmens seinen Rücktritt einzureichen. John Smale wurde zum neuen Vorsitzenden ernannt, und der hervorragende John Smith übte nun die Funktionen des Präsidenten aus. Nach Ansicht einiger Experten der amerikanischen Automobilbranche fand in den obersten Etagen der Gesellschaft die härteste Schlacht statt, seitdem Henry Ford die Entlassung von Lee Iacocca ausgesprochen hatte.

Sinkende Verkaufszahlen als Folge der Wirtschaftskrise, die Konkurrenz der ausländischen Produzenten und die niedrige Wettbewerbsfähigkeit der Fabriken von Detroit

waren nach Expertenmeinungen die Gründe für den ruinö-
sen Weg des immer noch weltgrößten Konzerns. General
Motors zeigte außerdem eine geringere Reaktionsfähigkeit
als seine Konkurrenten Ford und Chrysler. Als Stempel gegangen war, erhielt er viel Kritik und wurde beschuldigt,
„sehr spät zuwenig" getan zu haben, um die Probleme des
Unternehmens zu lösen. Man verzieh ihm auch nicht, daß er
nach einem Streik von neun Tagen, der einen Verlust von
45 000 Einheiten in der Fahrzeugproduktion verursacht
hatte, zu viele der Forderungen der Arbeiter erfüllt hatte.

Von dem Moment an, an dem Smith die Führung des
Unternehmens übernahm, wurden die Pläne zur Umstrukturierung einiger Fließbänder mit Hilfe neuer Richtlinien wieder aktiviert, die der Gesellschaft eine verbesserte Wettbewerbsfähigkeit bringen sollten:

— Schließung von 21 Werken, die Teile herstellten.
   Gleichzeitig begann für die Zulieferunternehmen, die
   Eigentum von General Motors waren, der Konkur-
   renzkampf um die Preise mit anderen Zulieferern, die
   nicht zur Gesellschaft gehörten.
— Einfrierung der Dividenden für die Aktionäre.
— Erhebliche Reduzierung der Teilekosten, die Spezia-
   lität von Superlópez. Die Gesellschaft sollte bis zum
   äußersten die Sparmöglichkeiten ausnutzen, die eine
   zentralisierte Verwaltung aller Einkäufe weltweit bot:
   An deren Spitze befand sich José Ignacio López de
   Arriortúa.
— Keine eigene Produktion von Teilen, die kostengünstiger bei externen Zulieferern gekauft werden können: Damit wurde die komplexe vertikale Integration
   des Unternehmens reduziert.

— Abbau von 20000 Arbeitsplätzen beim Verwaltungs-
personal (den sogenannten „weißen Kragen") und
von 10000 Stellen beim Produktionspersonal (den
„blauen Kragen").

— Neuverhandlungen der Tarifverträge mit den Gewerkschaften: Dadurch sollten vor allem die Ver-
pflichtungen hinsichtlich der Rentenzusatzleistungen
und der Entlassungsabfindungen reduziert werden.

— Abstimmung der Abteilungen Entwicklung und Produktion aller Marken, die von General Motors abhängen: So sollten doppelte Arbeiten und Zuständig-
keitskonflikte zwischen ihnen vermieden werden.

Es war ein schockierender Plan, der das Unternehmen
General Motors vor dem Abgrund bewahren sollte, an dem
es bereits stand. Er enthielt nicht viel mehr Neues als der
Plan, der Monate vorher mit Stempel als Präsidenten vorge-
legt worden war. Aber nun war der feste Wille vorhanden,
ihn auch in die Praxis umzusetzen und ihn nicht wieder in
der Schublade verschwinden zu lassen, wie es bisher meist
geschehen war.

Außerdem nutzten General Motors und die übrigen
großen amerikanischen Automobilunternehmen den Abschied Bushs von der Präsidentschaft der Vereinigten Staaten, um dem neuen Bewohner des Weißen Hauses, Bill
Clinton, ihre Hauptsorgen mitzuteilen. Die Regierung, so
wünschten es die Unternehmen, sollte strengere Beschrän-
kungen für die Importe von japanischen Autos und für die
japanischen Investitionen in Amerika beschließen. José Ignacio López de Arriortúa selbst war einer der Hauptverfech-
ter dieser Verteidigungsstrategie gegenüber den Japanern.
Die Industrie der Vereinigten Staaten mußte soviel Zeit ge-

winnen, wie notwendig war, um eine tiefe Umwandlung durchzustehen. Und das Problem, so hatte es Arriortúa verkündet, lag nicht nur bei den Importen, sondern auch bei den japanischen Investitionen in den Vereinigten Staaten: „Der amerikanische Markt ist sehr hart. Es sind einige 'Piraten' aus dem Osten gekommen, die uns mit Macht angreifen. Sie haben alles zerstört. Die Japaner hatten keine Schwierigkeiten damit, daß sie in den drei Jahren zwischen 1989 und 1991 immerhin 11,7 Milliarden Dollar Verlust gemacht haben. Wie denn das? Ganz einfach. Sie haben die Preise unter ihre Gestehungskosten gesenkt. Und dies haben sie mit der Technik der modernen Piraten gemacht, wobei das Ziel ist, ein Land zu erobern und die Verluste dort mit den Gewinnen, die sie in Japan erzielen, zu kompensieren. In eben diesen drei Jahren haben die japanischen Hersteller zu Hause 35 Milliarden Dollar Gewinne erzielt. Ein Drittel davon haben sie ihrem Ziel gewidmet, den amerikanischen Markt zu ruinieren."

Mit Smith als Kopf des Unternehmens hat López in der Führungsmannschaft von General Motors an Einfluß gewonnen: Er konnte seine Systeme mit größerer Freiheit einführen. Mit seiner Ankunft in den Vereinigten Staaten hatte er große Erwartungen geweckt. Er erfüllte diese Erwartungen, indem er die meisten Innovationen einbrachte und die alten Zöpfe in einer Branche abschnitt, die einen frischen Wind bitter nötig hatte.

Aber sein Ruf war nicht nur ein Nimbus. In den fast elf Monaten, die Superlópez an der Spitze des Einkaufs des multinationalen Unternehmens General Motors stand, gelang es ihm, 2,5 Milliarden DM einzusparen. Er fing an, sich in die begehrteste Figur der Automobilindustrie zu verwandeln.

11

Eine Fabrik im Dorf

DER Kopf von José Ignacio López de Arriortúa ist voll von noch durchzuführenden Revolutionen, Projekten und Passionen. Aber es gibt ein Projekt, das ihm den Schlaf raubt und wofür er bereit ist, sich bis aufs äußerste anzustrengen. Das ist der Plan, in seinem Dorf Amorebieta eine Automobilfabrik zu bauen. Dies ist nicht nur ein romantisches Detail aus dem Leben eines Triumphators. Er will auch nicht mit dem Sprichwort brechen, daß der Prophet im eigenen Lande nichts wert sei. Weit gefehlt. Er selbst weiß so gut wie niemand, daß sein Bestreben, die dritte industrielle Revolution, die Integration der Zulieferer in das Montagewerk, nicht gerade eine leichte Aufgabe ist. In seinem Dorf im Baskenland, in den komunalen und politischen Einrichtungen und in einigen privaten Unternehmen hat er die Unterstützung für seinen Plan gefunden.

Er hat es bei General Motors versucht, und er wird es jetzt wieder bei Volkswagen versuchen. Schließlich ist die Automobilmarke, die dort hergestellt werden soll, das, worum er sich am wenigsten Sorgen macht. Sein „Statthalter" in diesem einzigartigen Kampf ist José Alberto Pradera, der höchste Verantwortliche der Regierung von Biskaya: ein Straßenbauingenieur, der 1951 in Gernika geboren wurde und dessen politische Karriere von der beschützenden Hand des Xabier Arzalluz gelenkt worden ist. López de Arriortúa und Pradera lernten sich im Oktober 1989 im VIP-Raum der Internationalen Mustermesse in Bilbao kennen. An diesem Tag wurde die Eröffnung der alle zwei Jahre stattfindenden Werkzeugmaschinenmesse gefeiert. López als damaliger Vizepräsident von General Motors Europa war unter den geladenen Persönlichkeiten auf diesem Festakt. Pradera, der Präsident der Messe, war der Gastgeber. Und es war Sympathie auf den ersten Blick. „Ich hatte bei dieser Begegnung ein ganz besonderes Gefühl", erinnert sich der Präsident der Regierung.

An jenem Tag waren die Gespräche nicht sehr tiefschürfend. López und Pradera tauschten Zeichen der Bewunderung und Höflichkeitsfloskeln („Ich wollte Sie schon immer kennenlernen") aus und verständigten sich über ihre Einschätzung der Schwierigkeiten der baskischen Industrie. „Donnerwetter!" rief Arriortúa aus, „das muß man vorantreiben!" Beide waren sich in einem entscheidenden Punkt einig. Die Industrie im Baskenland würde einen großen Impuls erhalten, wenn jemand sich dazu entschließen könnte, in diesem autonomen Gebiet ein Automobilwerk zu installieren, denn 242 Unternehmen arbeiten im Baskenland bereits im Automobilsektor.

Ab diesem Zeitpunkt telefonierten Iñaki López de Arriortúa und José Alberto Pradera ständig miteinander und trafen sich. Beide hatten die andere Hälfte gefunden, die ihnen gefehlt hatte, um ihre Träume in die Wirklichkeit umsetzen zu können. Arriortúa hatte das Projekt, die Ideen und eine privilegierte Stellung bei General Motors. Pradera, der sich in den letzten Jahren in einen unermüdlichen Verfolger von großen industriellen Projekten für Biskaya verwandelt hatte, war in der Lage, den Rest zu erreichen: die Unterstützung durch die Regierung und damit eine gute Basis finanzieller Rückendeckung.

Superlópez hatte immer eine Vielzahl von Projekten im Kopf, einige waren nur halb ausgereift, andere waren bereits perfekt definiert wie ein Fertiggericht, das nur noch auf den Tisch gebracht zu werden braucht. Neben seinen Gesprächen über die Möglichkeiten, eine Automobilfabrik im Baskenland zu bauen, diskutierten López de Arriortúa und Pradera auch lang und breit über die Notwendigkeit, die dritte industrielle Revolution bei den bereits bestehenden Unternehmen anzuwenden.

Superlópez schlug also dem Präsidenten der Regierung von Biskaya die Schaffung einer öffentlichen Einrichtung vor, die sich der Beratung von Unternehmen widmen sollte, die ihre Produktivität verbessern wollten. Vom ersten Moment an konnte Pradera sich mit der Idee identifizieren. Sein Ziel war, vielen Unternehmen in Biskaya die Möglichkeit zu geben, ihre Wettbewerbsfähigkeit erheblich zu verbessern. Aber er war überhaupt nicht damit einverstanden, daß eine öffentliche Einrichtung diese Arbeit durchführen sollte. Es wäre besser, meinte Pradera, wenn ein Projekt dieser Art von einem privaten Unternehmen getragen werden würde.

Schließlich fand man einen Mittelweg. José Ignacio López de Arriortúa stellte sein Projekt auf den Rat von José
Alberto Pradera dem Präsidenten von Bilbao Bizkaia Kutxa
(BBK), José Ignacio Berroeta, vor, einem Profi, der seine
ersten Schritte in der Industrie gemacht hatte, aber später in
den Finanzsektor wechselte. Er wurde in das Exekutivkom-
mando berufen, das die Banco (Bilbao) de Vizcaya, heute
BBV, installierte, um einige Einrichtungen wieder in
Schwung zu bringen, die der „Fondo de Garantía de Depó-
sitos" erworben hatte.

Berroeta griff mit großem Eifer den Vorschlag auf, den
López de Arriortúa gemacht hatte, vor allem weil er wußte,
daß der Vizepräsident von General Motors und die Regierung von Biskaya ein ganz anderes, viel ehrgeizigeres Süpp-
chen kochten. So schuf die BBK ein Unternehmen, das sich
dem angewandten Ingenieurwesen widmen sollte, das auf
den Namen Idak getauft wurde. Superlópez selbst machte
deutlich, daß er die geeignete Person sei, dieses Projekt zu
leiten. Jesús Zarragoitia wurde eingestellt, ein Schiffsma-
schinist, der bei Firestone Lagerleiter war, als López de Arriortúa sich noch dem Reifengeschäft widmete. Zarragoitia
war damals eine der Personen gewesen, die sich am besten
mit der Philosophie und den innovativen Vorschlägen von
Iñaki identifizieren konnten.

Wie in fast allen großen Unternehmen der Welt gibt es
immer einige Projekte, die auf Eis liegen, und damals
spielte Opel gerade mit dem Gedanken, in einem Segment
der Automobilbranche, in dem die Gesellschaft noch nicht
vertreten war, mitzumischen: dem Bereich der Kleintrans-
porter, ein Fahrzeugtyp, den General Motors bereits in den
Vereinigten Staaten produzierte – vertrieben unter der
Marke Pontiac. In Europa entpuppte sich dieser Typ als

wahrer Zukunftsmarkt nach dem Start des Modells Espace von Renault. Der Vizepräsident, der mit dem Einkauf für das multinationale Unternehmen beauftragt war, sah in diesem Projekt die Möglichkeit, seine dritte industrielle Revolution auszuprobieren.

Weihnachten 1991 entwarfen sie zusammen den Angriffsplan. López de Arriortúa bat Robert Eaton, den Präsidenten von General Motors Europa (jetzt erster Mann bei Chrysler), um Genehmigung, einige Voruntersuchungen über einen hypothetischen Standort im Baskenland zu beginnen. Pradera seinerseits kümmerte sich um die finanzielle Seite. Emilio Ybarra, der Präsident der Banco Bilbao de Vizcaya, zeigte sich interessiert und war bereit, die Initiative zu unterstützen, wenn die Zahlen der Risikoprüfung der Bank standhielten.

Im Baskenland ist der Kampf um große Investoren, die helfen können, die durch den industriellen Niedergang verursachten Probleme zu lösen, fast zu einer Besessenheit der verantwortlichen Politiker geworden. Die für schlecht befundene industrielle Umstrukturierung hatte eine Spur hinterlassen, die derzeit nicht auszuradieren war. Das industrielle Netz im Baskenland wurde hauptsächlich von der sogenannten „Eisenkultur" getragen. Stahlproduktion und Schiffsbau waren die zwei Lokomotiven, die den Rest zogen: einen Wirtschaftskomplex aus Tausenden von mittleren und kleinen Unternehmen, die ihre Aktivitäten auf die Metallverarbeitung und seine Verwendungen konzentrierten, die Dienstleister waren oder Niederlassungen von großen Unternehmen.

Allein mit der Umstrukturierung gelang es nicht, diese Unternehmen wieder auf den richtigen Kurs zu bringen, obwohl einige Millionen DM in den Bau von neuen industriellen Anlagen investiert wurden, die die Produktivität verbessern sollten. Der Versuch, die baskische Industrie der ausländischen Konkurrenz anzupassen, vor allem an die der EG-Länder innerhalb des laufenden Prozesses der Integration in die Europäische Gemeinschaft, scheiterte. Auf der Strecke blieben nicht nur Tausende von Arbeitern, die zur Arbeitslosigkeit oder bestenfalls zum vorgezogenen Ruhestand verurteilt wurden. Es enstand auch ein Gefühl der Frustration. Die Staatsgewalt hatte versucht, ein vielversprechendes Projekt der industriellen Umwandlung umzusetzen: Die produktive Struktur in Sektoren mit geringen Zukunftsaussichten sollte in ein neues Netz von Unternehmen umgewandelt werden, die sich auf wichtige Zukunftsmärkte wie die Elektronik, die neuen Technologien usw. konzentriert.

Es funktionierte nicht. Zu dem allmählichen Rückgang der produktiven Kapazität im Schiffbau oder der Stahlproduktion kam hinzu, daß die Ansiedlung von neuen Unternehmen aus zukunftsträchtigen Branchen scheiterte. Die besondere soziale und politische Konfliktsituation, die das Bild des Baskenlandes in den drei letzten Jahrzehnten geprägt hat, das Fehlen einer industriegerechten Infrastruktur – in diesem Bereich hat die Regierung allerdings ihre größten investiven Anstrengungen in den letzten Jahren unternommen – und eine allgemeine Krisenlage, die neue Investoren nicht anzog, bildeten eine unüberwindliche Barriere.

Nicht einmal die Gewährung von enormen öffentlichen Hilfen in Form von Subventionen konnte die Investoren hinter dem Ofen hervorlocken. Sie zogen es vor, in andere, ruhigere Gebiete zu gehen, wie zum Beispiel in die Levante, die sich in einem blühenden industriellen Aufschwung befindet.

Aus all den genannten Gründen war man in politischen Kreisen immer der Ansicht, daß das Baskenland ein neues „Zugpferd" benötige, ein großes Unternehmen, das der industriellen Entwicklung einen kräftigen Anstoß geben würde. Man versuchte, die Uhren zurückzudrehen, um das Phänomen des Wachstums zu wiederholen, das vor einigen Jahrzehnten durch die Stahlproduktion hervorgerufen wurde. Die Automobilindustrie stellte auf der Suche nach neuen Investoren den beliebtesten Sektor dar. Sie beschäftigt viele Arbeitskräfte, sie hängt eng mit dem Bereich der Metallverarbeitung zusammen, in dem das Baskenland mit einer großen Entwicklung rechnet, und erzeugt eine große Nachfrage in anderen Bereichen, wie im Transport, Finanzbereich usw. Die Verantwortlichen der baskischen Regierung haben immer andere Gebiete in Europa um den wirtschaftlichen Wohlstand beneidet, so z.B. Bayern, wo man mit BMW und Audi und großen Zulieferern auch künftig mit der Automobilindustrie leben wird.

Im letzten Jahrzehnt hat es viele Versuche gegeben, sich den Automobilherstellern zu nähern, mit dem Ziel, sie von den „guten Bedingungen" zu überzeugen, die dieses Gebiet als potentieller Standort für eine Montagefabrik für Fahrzeuge bietet. Der Verantwortliche der Regierung von Biskaya knüpfte sogar persönlich Kontakte zu Volvo, um den möglichen Bau eines Lkw-Werkes zu besprechen. Er hatte dabei keinen Erfolg.

Auch die Gespräche, die der Vizepräsident der baskischen Regierung, Ramón Jáuregui, mit Fiat führte und die von einer großen Polemik begleitet waren, weil sie mitten im Wahlkampf des autonomen Gebietes Ende 1990 stattfanden, blieben erfolglos. Damals wurde gerade der Verkauf des Nutzfahrzeugherstellers Enasa (Empresa Nacional de

Autocamiones) an die Gruppe Fiat abgeschlossen – nach einer lebhaften Verhandlung, die man nach dem Scheitern der Gespräche mit Mercedes-Benz aufgenommen hatte. Im Laufe der Verhandlungen hatten die Italiener angekündigt, daß sie die Absicht hätten, auch ihre Produktionskapazität für Personenwagen in Europa zu erhöhen, und versicherten, daß sie Spanien als einen potentiellen Standort für neue Einrichtungen ansähen. Die Zeit zeigte, daß dies nur leere Versprechungen waren, um die Gespräche über die Angelegenheit, die tatsächlich auf dem Tisch lag, zu beschleunigen: der Kauf von Enasa.

Der Leiter des Büros des Industrieministeriums, Alejandro Pina, erreichte es, daß das Vorstandsmitglied von Fiat, Cesare Rommiti, in Turin eine Delegation der baskischen Regierung empfing, wobei auch der Vizepräsident Ramón Jáuregui und der Industrieberater Ricardo González Orús anwesend waren. Rommiti hörte sich die „Lobpreisungen" des Baskenlandes als hervorragend geeigneten Ort für industrielle Investitionen und einige Einzelheiten über die Möglichkeiten der Gewährung von öffentlichen Hilfen für diese Art von Initiativen an. Das Vorstandsmitglied von Fiat dachte aber nicht im entferntesten daran, Verhandlungen über eine mögliche Investition seines Unternehmens im Baskenland zu führen. Er deutete an, daß man eventuell andere industrielle Möglichkeiten im Zuliefersektor analysieren würde. Einige Monate zuvor hatte Fiat einen Mehrheitsanteil an dem Unternehmen Mecaner in Biskaya gekauft, das Stanzwerkzeuge herstellt.

Im Falle von General Motors war die Situation jedoch eine andere. Zum ersten Mal war es der Hersteller selbst, der seinen Wunsch nach Investitionen äußerte, und in diesem Fall gab es einen wichtigen Vorteil: Der Förderer des

Projektes von General Motors war ein Ingenieur aus Amorebieta, der das Vertrauen der höchsten Verantwortlichen des Konzerns besaß. Es begann gut. Arriortúa brachte die Dinge in den verschlungenen Gängen von Rüsselsheim ins Rollen, und eine der wichtigsten Banken von Spanien war bereit, die Idee zumindest zu prüfen. Man mußte nun beginnen, Entscheidungen zu treffen.

„Die Grundstücke, Alberto", sagte Iñaki eines Tages zu seinem Freund, „die Grundstücke sind am wichtigsten bei der ganzen Angelegenheit. Ein Montagewerk für Fahrzeuge benötigt eine Million Quadratmeter Fläche. Gut, in Wirklichkeit braucht man nicht ganz soviel, aber man muß immer etwas mehr kaufen, um zu garantieren, daß man das Werk in Zukunft auch vergrößern kann."

„Das ist kein Problem. Es gibt sogar in deinem Dorf Amorebieta ein Grundstück im Viertel Boroa, dort wollten wir vor einiger Zeit eine Fabrik für Flugzeugflügel errichten."

Diese Flügel sollten sich jedoch nie in die Lüfte erheben, denn bei dem ganzen Projekt wurde nur viel Tinte verschrieben, aber es wurde leider nie verwirklicht. In Boroa, nur einen Kilometer von dem Haus entfernt, in dem Josin geboren worden war, und hundert Meter von dem Geburtsort von José Luis Ruiz Solaguren, dem Eigentümer der Restaurantkette „José Luis", der die Pinchos und Tapas (spanische Appetithäppchen) in die Kategorie der feinen Gastronomie erhoben hat, wollte die baskische Regierung eine Fabrik errichten für die Herstellung von Flugzeugflügeln, mit McDonnell Douglas als Partner. Aber McDonnell legte das Projekt auf Eis – die Konstruktion des Luftschiffes MD.12 wurde verschoben –, und das Ganze verlief im Sande. Im Februar 1992 tat die Regierung von Biskaya über einen Immobilienhändler die ersten Schritte, um die Kontrolle über diese Gebiete zu gewinnen, die das Eigentum von etwa fünfzehn Gesellschaften waren. Die Kosten für die Grundstücke betragen einige zig Millionen DM.

Im März gab es plötzlich einen kurzen Stillstand. Robert Eaton, der Präsident von General Motors Europa, kündigte, weil er von Chrysler als Vizepräsident des Unternehmens eingestellt worden war. Er sollte innerhalb eines gewissen Zeitraumes dem berühmten Präsidenten Lee Iacocca nachfolgen. Allerdings gab die Ernennung von López zum stellvertretenden Direktor von General Motors Corporation und zum Verantwortlichen für die internationalen Einkaufsaktivitäten des multinationalen Unternehmens Anfang Mai dem Projekt wieder einen neuen Impuls. Pradera nahm Kontakte auf, Arriortúa hatte dafür einige Richtlinien vorgegeben, um eine Gruppe von Unternehmern zu bilden, die an dem Projekt interessiert waren. Sie sollten den Brückenkopf im Baskenland bilden. Neben Emilio Ybarra, dem Präsidenten der Regierung von Biskaya, konnte er José Antonio Garrido, die höchste Führungskraft von Iberdrola, Javier Monglelos, den Präsidenten der Kooperative Mondragón, José Ignacio Berroeta, den Präsidenten von Bilbao Biskaia Kutxa, und Paco González, einen erfolgreichen Unternehmer in der Zulieferindustrie für Automobile, für das Projekt gewinnen. Dieses nahm allmählich Gestalt an, und es war notwendig, auf das Gaspedal zu drücken. Am 9. Juli war der Vorstand von Adam Opel, Louis R. Hughes, damit einverstanden, „offizielle Verhandlungen" mit dem Baskenland zu beginnen, um die realen Möglichkeiten des Projektes einzuschätzen. Als Arriortúa den Versammlungssaal verlassen hatte, führte er sofort ein Telefongespräch: „José Alberto, man hat grünes Licht gegeben!"

Der Präsident der Regierung von Biskaya machte in seinem Büro, das in einer noblen Etage in einem Amtsgebäude in der Gran Vía in Bilbao liegt, Freudensprünge. Und obwohl er wußte, daß diese Genehmigung nur der Beginn eines Verhandlungsprozesses war und daß auch im günstigsten Falle noch viel Zeit vergehen würde, bis General Motors eine endgültige Entscheidung treffen würde, ließ er sich von seinen Gefühlen hinreißen. Der erste, dem er seine Begeisterung mitteilen wollte, war Xabier Arzalluz, der Präsident der Baskischen Nationalpartei: „Xabier, General Motors hat grünes Licht für die Fabrik in Amorebieta gegeben!"

Am Nachmittag, nach einer Pressekonferenz, in der über die Vereinbarungen mit dem baskischen Finanzrat berichtet worden war, entschloß sich Pradera, diese optimistische Nachricht noch weiter zu verbreiten. Er nahm den Vizepräsidenten der baskischen Regierung, Jon Azua, und die Präsidenten der Regierungen von Alava und Guipúzcoa, Alberto Ansola und Eli Galdos, beiseite und teilte ihnen dieselbe Nachricht mit: „Grünes Licht." Alle verließen an diesem Tag den Regierungssitz in der Überzeugung, daß alles beschlossene Sache sei und daß in einigen Wochen die Bagger mit den Erdarbeiten im Viertel Boroa beginnen würden. Der Schneeball kam immer mehr ins Rollen und wurde dabei immer größer. Xabier Arzalluz konnte sich auch nicht zurückhalten und rief Antón Egia an, den Direktor der Zeitung Deia, die von PNV (Partido Nacionalista Vasco, Nationalistische Partei des Baskenlandes) kontrolliert wird. Er wollte ihm die Möglichkeit zu einem großen Exklusivbericht geben. Bis jetzt hatten die Medien nur berichtet, daß Gespräche geführt wurden. „Antón, jetzt ist es definitiv. General Motors hat grünes Licht für die Automobilfabrik gegeben. Die Quelle ist gut, man hat direkt aus Deutschland angerufen." Wenn Arzalluz dies sagt, dann muß es wahr sein, dachte Egia, obwohl er noch keine genaue Erklärung darüber erhalten hatte, was „grünes Licht" bedeutete. Am folgenden Tag veröffentlichte Deia auf der Titelseite die Schlagzeile: „General Motors Europa gibt grünes Licht für eine Automobilfabrik im Baskenland." Im Untertitel wurde die Errichtung in Amorebieta bestätigt und die voraussichtliche Produktion von 150 000 Autos im Jahr. Der Präsident der Regierung von Biskaya mußte die Nachricht dementieren und die Gemüter beruhigen. Es war nur grünes Licht für die Aufnahme von Verhandlungen gegeben worden, das war zweifellos bedeutungsvoll, aber keineswegs etwas Definitives.

Pradera war Gastgeber eines Essens in Bilbao, an dem neben López auch José Ignacio Berroeta, der Präsident von Bilbao Bizkaia Kutxa, teilnahm. López wollte bei den Teilnehmern am Abendessen dieselben Maßnahmen anwenden wie bei seinen direkten Mitarbeitern in Detroit. Jedem von ihnen schenkte er eine Armbanduhr, ein Werbegeschenk von General Motors, die gleiche, die er seit seiner Ankunft in Detroit benutzte. Eine große Uhr, auf deren Zifferblatt der Name „Calibra" eingraviert ist, das Auto mit dem sportlichen Design von Opel. „Ihr müßt sie am rechten Handgelenk tragen", riet er ihnen (was für Rechtshänder immer ein bißchen unbequem ist), „und sie immer dort lassen, bis wir alle zusammen es geschafft haben, eine Automobilfabrik in das Baskenland zu bringen." Und sie hörten auf ihn. Bei seiner Rückkehr von einer Reise, die Pradera einige Zeit später nach Detroit machte, überreichte er Xabier Arzalluz ein persönliches Geschenk von Superlópez: eine „Calibra"-Uhr. Man mußte den „Club derjenigen, die ihre Armbanduhr am rechten Handgelenk tragen", vergrößern. Von da an trugen Pradera, Berroeta und Arzalluz ihre Armbanduhren am rechten Handgelenk, so lange bis López von Volkswagen eingestellt worden war.

General Motors und die „baskischen Partner" beschlossen, einen Ausschuß zu gründen, um die Verhandlungen in Gang zu setzen. Anfang September waren die Grundlinien definiert. Die dritte industrielle Revolution hatte bereits ein Grundstück und außerdem einen Plan, mit dem man auch öffentliche Gelder von der Europäischen Gemeinschaft bekommen konnte, die mit Automobilherstellern besonders streng ist. Die „baskischen Partner" würden schätzungsweise etwa 735 Millionen DM investieren, die Automobilfabrik bauen, wobei die Zulieferer mit einbezogen werden würden, und sie an General Motors vermieten. GM würde sich um die Geschäftsführung des Unternehmens kümmern und den baskischen Investoren eine Mietgebühr für jedes Fahrzeug bezahlen, das das Fließband verlassen würde. Eine Art von Leasing, die es General Motors außerdem erlauben würde, Eigentümerin der Einrichtungen im Laufe von acht Jahren zu werden.

Bei allen Verhandlungen ist es so: Wenn man ins Detail geht, dann verfielfachen sich die Meinungsverschiedenheiten. Die Zahlung des Mietzinses war das Thema, das die letzte Konferenz beherrschte, bevor die Verhandlungen unterbrochen wurden. Es wurde eine technische Diskussion geführt, in der Scott Mackie, der Verantwortliche für Analyse und Planung bei General Motors in Europa, und Alfonso Basagoiti, der Assistent des Präsidenten der Banco Bilbao de Vizcaya, die Protagonisten waren. Basagoiti drückte die Ängste der „baskischen Partner" aus: „Es ist gut, daß Sie uns einen bestimmten Betrag für jedes Auto, das das Fließband verläßt, zahlen werden, aber wir möchten das Risiko, das wir eingehen, so klein wie möglich halten.

Wenn General Motors die Autoproduktion in Krisenzeiten hier einstellt, dann verlieren Sie nichts, wir aber viel. Denn General Motors entscheidet, wie viele Fahrzeuge hergestellt werden."

„Ja. Und was soll das heißen? Was wollen Sie?"

„Nun, eine Mindestmiete pro Jahr. Die Garantie, daß man uns, auch wenn nicht eine Mindestanzahl von Fahrzeugen hergestellt wird, diesen Grundbetrag zahlt."

„Unmöglich. Wir können das nicht garantieren. Wir müßten ein zu großes Risiko auf uns nehmen."

Das Gespräch wurde auf Englisch geführt. López de Arriortúa, der an dieser Versammlung teilnahm, bewegte sich unruhig auf seinem Stuhl. Superlópez sah, wie die Finanzwelt dabei war, sich der dritten industriellen Revolution entgegenzustellen. Natürlich, sie waren ja keine Ingenieure.

„Mensch!" rief Basagoiti zwischen Ungläubigkeit und Sarkasmus, „General Motors wird doch auch etwas riskieren müssen, oder nicht?"

„Nein. Die Entscheidung des Strategieausschusses war die, daß General Motors mit dem von Iñaki vorangetriebenen Projekt einverstanden sei, wenn dies kein Risiko für die Gesellschaft bedeutet."

López mischte sich ein, denn er wollte nicht, daß die Finanzexperten das zerstörten, was ihn soviel Mühe gekostet hatte, es in die Wege zu leiten.

„Wir müssen eine Lösung finden. Es gibt sicher eine Möglichkeit, wie wir zu einer Einigung kommen können."

„Mal sehen", sagte der Finanzdirektor von GM, „Herr Basagoiti, welche interne Rendite, auf englisch 'internal rate of return', möchten Sie mit dieser Investition erreichen?"

Er nannte die Zahl: „22 %".

„Wenn Sie wollen, daß wir Ihnen einen jährlichen Mindestmietbetrag garantieren, der es Ihnen erlaubt, diesen Prozentsatz zu erreichen, weiß ich nicht, warum wir überhaupt hier sind. Wir brauchen Sie nicht. General Motors wird diese Investition selber machen."

Arriortúa konnte sich nicht mehr zurückhalten. Auf Spanisch, in einer Sprache, von der Scott Mackie kein Wort verstand, wandte er sich an Basagoiti:

„Dieser Typ ist ein Ignorant. Er versteht nichts."

„Schauen Sie", nahm der Assistent des Präsidenten von BBV den Dialog mit dem Finanzmann des multinationalen Unternehmens wieder auf, „wir wissen, daß das nicht möglich ist. General Motors kann derzeit keine großen Investitionen durchführen. Ihre Bilanz sieht nicht so aus, als könnten sie große Investitionsrisiken eingehen. Ich weiß genau wie Sie, daß ihr Börsenkurs schlecht ist und daß ihre Solvenzrate überprüft wird. Eine Investition von General Motors würde sich sofort in der Bilanz widerspiegeln, und die Solvenzrate würde sofort fallen, was der Gesellschaft sehr schaden würde."

Mackie verstand, daß ihm keine Argumente mehr geblieben waren. Die Probleme von General Motors mit der Einschätzung der Zahlungsfähigkeit waren richtig. Die Verluste von 1991 hatten die Bilanz des multinationalen Unternehmens zerstört.

„Gut, welchen Mindestmietbetrag verlangen Sie?"

„Wir müssen das noch im Detail prüfen. Es wäre gut, wenn Sie uns auch ein Angebot machen könnten."

„Einverstanden, wir werden das untersuchen und Ihnen Ende des Monats oder Anfang Oktober unser Angebot zukommen lassen."

Aber so sehr sie darauf hofften, es kam nicht. Am Sitz

von General Motors, in der Führungsspitze, spielte sich eine kleine Revolution ab, die mit dem Abschied von Robert Stempel als Präsidenten des multinationalen Unternehmens endete. Der Fortschritt der Verhandlungen stand unter keinem guten Stern. Die Probleme der Restrukturierung in den Vereinigten Staaten waren noch nicht gelöst, und als ob es damit noch nicht genug wäre, wurde die Rezession der Wirtschaft in Europa immer größer. Der Vorstand von General Motors meinte, daß seine Führungskräfte sich voll und ganz der Lösung der dringendsten Probleme des Unternehmens widmen sollten, und das bedeutete, daß die Verhandlungen mit dem Baskenland für einige Zeit auf Eis gelegt werden mußten.

In der ersten Woche im November 1992 glaubte Superlópez, daß mit der Ernennung von John Smith zur ersten Führungskraft der Gesellschaft sein Projekt wieder beschleunigt werden würde. Schließlich war Smith sein Mentor bei General Motors, er war derjenige, der auf seine Fähigkeiten vertraut hatte, als er noch Präsident der europäischen Niederlassung war, und derjenige, der ihn in das amerikanische Abenteuer gestürzt hatte. Er, Freund Jack, hatte ihm die Türen des Hauptquartiers von General Motors North American Operations in der Van Dyke Avenue in Warren, einem Ort in der Nähe von Detroit, geöffnet. López hörte von Smith schöne Worte, er ermutigte ihn sogar, mit seinem Projekt im Baskenland fortzufahren. Aber Jack war zu sehr damit beschäftigt, die Situation bei General Motors in Ordnung zu bringen, als daß er sich um die Träume des hervorragenden stellvertretenden Direktors hätte kümmern können. Außerdem hatte er eine heftige Opposition gegen die Projekte von López bei den europäischen Verantwortlichen von GM festgestellt. Sogar Angel Perversi, der Präsident von General Motors in Spanien, war ein entschiedener Gegner. Vielleicht deswegen, weil seine Beziehungen zu López niemals gut gewesen sind. López hatte ihn nicht einmal einbezogen, als er mit der Regierung von Biskaya zu verhandeln begann.

Die „Bombe" explodierte einige Wochen später am 7. Januar 1993. Die spanische Wirtschaftszeitung „Expansión" veröffentlichte ein Interview ihres Korrespondenten in Washington mit dem stellvertretenden Direktor von GM und dem offiziellen Sprecher der Gesellschaft, William Hoglund. „General Motors", gab der Sprecher zu, „hat zur Zeit keine Absicht, ihre Kapazität in Europa zu erweitern. Die Lage auf dem Automobilmarkt in Europa rät derzeit nicht zu einem Bau von neuen Werken." Am folgenden Tag berichteten alle Medien im Baskenland von dem Interview und über die Bestätigung einer Tatsache, die bereits Ende des Monats Dezember inoffiziell von der Zeitung „El Correo Español – El Pueblo Vasco" veröffentlicht worden war. Als Pradera die Erklärung von William Hoglund las, wurde er blaß. López hatte ihm die Lage nicht so negativ geschildert, wie sie nun aus der Erklärung des offiziellen Sprechers von GM hervorging. Er mußte das Geheimnis aufklären und wählte die Telefonnummer seines Freundes.

„Iñaki, weißt du, was gerade in Spanien in allen Zeitungen steht, was ein gewisser Hoglund gesagt hat? Daß General Motors nicht vorhätte, ihre Einrichtungen in Spanien zu erweitern!"

„Ich kenne ihn, aber mach dir keine Sorgen. Hoglund ist hier ein Niemand. Obwohl er der Sprecher ist, hat er keine Ahnung, was innerhalb von General Motors vorgeht. Er ist über nichts informiert. Sei mal ganz ruhig."

Aber er blieb nicht ruhig. Ganz im Gegenteil. Er beschloß, den Erdrutsch aufzuhalten, den der Sprecher des multinationalen Automobilunternehmens in der baskischen Gesellschaft provoziert hatte. Sein Medienberater Juan Carlos Urruchurtu leitete die ersten Schritte ein. Pradera würde in der aktuellen Fernsehsendung „Euskal Telebista" um die Mittagszeit interviewt werden. „Ich habe mit López Arriortúa gesprochen", sagte Pradera in dem Interview, „und er hat alles dementiert. Er sagt, daß der Sprecher von General Motors nicht die Wahrheit gesagt hätte. Er hat dies sogar als Scherz aufgefaßt. Wir haben sehr darüber gelacht, als wir davon gesprochen haben."

Aber López täuschte sich, der offizielle Sprecher von General Motors informierte sich sehr wohl über die Vorgänge in der Gesellschaft. Und noch mehr, er kannte nicht nur die offizielle Version, die es zu übermitteln gab, sondern auch die Einstellung von Jack Smith zu dieser Angelegenheit. López beschloß, die Schrauben ein wenig anzuziehen und neu zu erforschen, wie Smith über die Möglichkeiten seines Projektes im Baskenland dachte. Er erhielt einige schöne Worte – wieder einmal –, aber nicht das, was er wollte: einen direkten Auftrag der höchsten Führungskraft der Gesellschaft, die Verhandlungen wieder aufzunehmen.

12 Bye-bye, General Motors! Guten Tag, Volkswagen!

Mitte März 1993 erschütterte eine Nachricht die Grundpfeiler des Hauptquartiers von General Motors Corporation. Der Spiegel, das Wochenmagazin aus Hamburg, hatte eine kurze Notiz veröffentlicht: Volkswagen versucht, José Ignacio López de Arriortúa zu engagieren. Dies war, laut Spiegel, eines der Fundamente, auf die der VW-Chef Ferdinand Piëch die Restrukturierung dieses Unternehmens (zu dem Audi, Seat und Skoda gehören) stützen wollte, nachdem es die Folgen der Wirtschaftskrise in der Ergebnisrechnung massiv gespürt hatte.

Diese Botschaft löste bei General Motors Panik und Entsetzen aus. López de Arriortúa hatte seine Fähigkeiten unter Beweis gestellt, den Einkauf eines „Monstrums" – genannt

General Motors – zu leiten, und das multinationale Unternehmen konnte es sich nicht leisten, Superlópez zu verlieren: Das paßte nicht in die Pläne von Jack Smith. Anläßlich der Veröffentlichung dieser Nachricht in Deutschland mußte López de Arriortúa vor seinem Präsidenten zugeben, daß es solche Gespräche mit Volkswagen gegeben hatte. Nichts Definitives, nur Gespräche eben; man hatte ihn gerufen, und er hatte sich umwerben lassen. Smith mußte schnell handeln. Er beschloß, etwas in die Tat umzusetzen, was seit Iñakis Ankunft in Detroit in der Luft lag: Er ernannte ihn zum Vice President.

Aber im Kopf von Superlópez schwirrte sein Projekt, sein Werk, die dritte Revolution, Amorebieta, die Hoffnungen, die er und seine Idee im Baskenland geweckt hatten. Man hatte ihn immer nur mit schönen Worten abgespeist, aber in der Stunde der Wahrheit zeigte General Motors nur wenig Interesse für sein ersehntes Automobilwerk. Er hatte dies schon zu Alfonso Basagoiti in seinem Büro in der Banco Bilbao Viscaya gesagt: „Schau, General Motors ist wie diese Uhr, die du auf deinem Tisch hast. Etwas Kaltes aus Metall. Man muß die Uhr öffnen und diejenigen, die darinnen sitzen, überzeugen."

Der Brief des Präsidenten von General Motors Europa im Januar an Emilio Ybarra hatte ihm überhaupt nicht gefallen. Darin kündigte der Präsident die Entscheidung von GM an, die Verhandlungen über die mögliche Errichtung eines Werkes im Baskenland einzustellen. „Sie müssen eingefroren werden", formulierte die Führungskraft des multinationalen Unternehmens diplomatisch. Er führte als Grund den bedenklichen Absturz des Automobilmarktes in Europa an. Unter diesen Umständen konnte man nicht an eine Ausweitung der Kapazität denken.

Dieser Brief schmälerte nicht nur das Ansehen des GM-Einkaufschefs, sondern bestätigte auch die Behauptung, die einige Wochen vorher von dem amerikanischen GM-Sprecher William Hoglund aufgestellt worden war. Dies war eine schwere Kränkung für den Basken.

Er war verärgert über das geringe Vertrauen, das man in ihn setzte. So wandte er seine Verführungskünste an, als Ferdinand Piëch ihm vorschlug, seine Zelte in Wolfsburg aufzuschlagen. Er sprach mit ihm über seine Theorien zur Reduzierung der Kosten, über seine Methode PICOS, über VASCO, über die Notwendigkeit, den Kunden in den Mittelpunkt aller Aktivitäten zu setzen und – über Amorebieta! „Zum Teufel!", wiederholte er zum tausendstenmal. „Das Baskenland ist der ideale Ort, um dort eine Automobilfabrik zu bauen. Wir sind in der Lage 'Merluza a la koskera' (ein baskisches Seehechtgericht) zuzubereiten, warum, verdammt, sollten wir nicht auch Autos bauen können?"

Obwohl der Vorstandschef von Volkswagen in Wirklichkeit den Kostenkiller haben wollte und nicht den Propheten der dritten industriellen Revolution, war er dennoch bemüht, sich bei ihm beliebt machen. Er zeigte Interesse für das Projekt von Arriortúa, die Zulieferer direkt an das Band des Automobilherstellers zu holen, wo sie ihre Teile auch gleich montieren. Eine gute Idee! „Wenn Sie die Stelle annehmen", sagte Piëch zu ihm, „dann sind Sie der direkte Verantwortliche für die weltweite Volkswagenproduktion. Wenn wir irgendwann eine neue Fabrik in Europa brauchen sollten, denke ich, daß Ihr Entwurf der beste ist, und der beste Ort ist Amorebieta. Sie werden verantwortlich dafür sein. Ich werde Sie dem Vorstand und dem Aufsichtsrat von VW vorstellen, damit Sie ihn von Ihrer Idee überzeugen können."

Inmitten dieser turbulenten Zeit erhielt José Ignacio López de Arriortúa in Detroit die hohe Auszeichung „Mann
des Jahres" der Automobilindustrie. Eine Ernennung, die
vor ihm so berühmte Personen wie John Smith, Lee Iacocca, Donald McPherson oder John DeLorean erhalten hatten. Der Festakt schien Superlópez neuen Antrieb zu geben.
„Ich weiß nicht, wo ich morgen sein werde", erklärte er einem Journalisten, „ich bin kein Prophet. Jetzt bin ich hier,
und ich kann sagen, daß ich mich wohl fühle." Jack Smith,
der Präsident von General Motors, atmete erleichtert auf,
der Alptraum schien vorbei zu sein. Er wußte nicht, daß ein
richtiger Hurrikan auf die Ostküste zukam.

Volkswagen war bereit, alle notwendigen Anstrengungen zu unternehmen, um Arriortúa für sich zu gewinnen.
Man betrachte ihn als eine ideale Besetzung für Volkswagen. 1991 waren die Gewinne gesunken, obwohl der Um-
satz von Volkswagen um 12% gestiegen war und die Höhe
von 85,4 Milliarden Mark erreicht hatte. Die Gewinne be-
trugen 147 Millionen Mark, 87% weniger als im Vorjahr.
Der Grund war klar: Die Kosten waren explodiert. Ferdin-
and Piëch, der von Audi kam und den VW-Vorsitz im Januar übernommen hatte, wußte, wo man ansetzen mußte,
um diesen Gewinneinbruch trotz Vollauslastung einzudäm-
men. Er hatte die unangenehme Aufgabe, den Aktionären
des Unternehmens mitzuteilen, daß die Dividende beschä-
mend niedrig ausfallen würde, nämlich nur zwei Mark pro
Aktie; sehr wenig im Vergleich mit den elf Mark des Ge-
schäftsjahres 1990. Man mußte die Kosten reduzieren und
wollte dafür den Besten unter Vertrag nehmen: López de
Arriortúa, der bei General Motors Wunder vollbracht hatte.

Der Baske war hin- und hergerissen. Sein Herz riet ihm,
bei General Motors zu bleiben. Dieses Unternehmen, sein

Präsident und Freund Jack hatten es ihm ermöglicht, weltweiten Ruhm zu erlangen. Hier hatte er alle seine Erfolge erzielt. Man hatte an ihn geglaubt – außer bei dem Projekt mit der neuen Fabrik –, und man hatte ihm erlaubt, seine Produktionssysteme einzuführen, sogar gegen den Willen der erfahreneren deutschen Opel-Techniker. Sein Kopf verlangte von ihm jedoch neue Ziele. Bei Volkswagen hätte er die Möglichkeit, wieder vor einer schwierigen Herausforderung zu stehen, das Ruder eines Unternehmens herumzureißen, in dem die Kosten explodierten. Er würde dort wie ein Star aufgenommen werden, der Anordnungen geben würde, ohne daß irgend jemand erst mit ihm seine Entscheidungen diskutieren würde. Man bot ihm freie Hand an, und außerdem schienen sie seine Revolution ernst zu nehmen.

Am Mittwoch, dem 10. März, traf López de Arriortúa seine Entscheidung. Er würde weggehen. Ohne irgend jemandem ein Sterbenswörtchen zu sagen, unterzeichnete er ein Absichtsprotokoll für einen Vertrag mit Volkswagen, in dem die deutsche Gesellschaft ihn mit weitreichenden Vollmachten ausstattete. Er wurde zum Produktions- und Einkaufsdirektor für alle Aktivitäten des Unternehmens ernannt. Es war ein Fünfjahresvertrag, für den Arriortúa laut inoffiziellen Quellen rund 24 Millionen DM erhalten würde. Ein hohes Gehalt. Es ist sogar höher als das des VW-Chefs selbst. Aber Ferdinand Piëch scheinen solche Dinge nichts auszumachen. Es stört ihn nicht, daß ein Untergebener mehr verdient als er. Auf der Gehaltsliste von Volkswagen ist Iñaki López de Arriortúa keine Ausgabe, sondern eine Investition.

Auch Superlópez macht sich keine Gedanken darüber, daß er mehr verdienen soll als der Vorsitzende. Er glaubt nicht, daß dies gegen die Hierarchie eines Unternehmens verstößt. Schon 1974 während seiner Tätigkeit bei Firestone hatte er über das Thema nachgedacht und seine Gedanken in einem Handbuch mit dem Titel „Das Konzept der totalen Produktivität" niedergeschrieben. „Bei vielen Unternehmen", schreibt Arriortúa darin, „gibt es einen Kampf auf Leben und Tod bei dem Versuch, auf der Karriereleiter nach oben zu gelangen. Alles ist in diesem Guerillakrieg erlaubt. Das Grundmotiv ist normalerweise eine schlechte Politik der Gehälter und der sonstigen Anreize. Man glaubt, daß es hohe Gehälter nur in den oberen Positionen geben kann, und die wollen alle erreichen."

Zur gleichen Zeit bewunderte er das Gehaltsschema des multinationalen Unternehmens IBM. „Es basiert mehr auf der persönlichen Leistung als auf klingenden Titeln. Ein effizienter Systemtechniker kann dort genauso viel verdienen wie jemand, der einen Direktionsposten innehat. Auf dieser Grundlage kann jemand, der die Begabung zum Systemtechniker hat, seine ganzen Bestrebungen darauf ausrichten, seine Arbeit gut zu machen, und er wird nicht mehr nach irgendwelchen Wegen suchen, um auf der Karriereleiter nach oben zu kommen. So ist er mit einer Arbeit, die ihm gefällt, zufrieden; aber auch einkommensmäßig befindet er sich auf einer der oberen Plätze im Organigramm." Dies erwies sich als eine Vorahnung von Superlópez vor fast 20 Jahren. Das Angebot von Volkswagen bewies ihm, daß seine Theorie stimmt. Weil er einer der besten Experten der Welt in bezug auf Kostenreduzierung ist, darf er mehr verdienen als die höchste Führungskraft des eigenen Unternehmens.

Er ging zum Präsidenten von General Motors und teilte ihm die Nachricht mit. Smith hatte es bereits befürchtet. Einen ganzen Monat lang hatte er das Schwanken López de

Arriortúas beobachtet, was sonst nicht dessen Art war. Iñaki hatte seine festen Überzeugungen, und seit einiger Zeit bemerkte man, daß er seine gesamten beruflichen Projekte überdachte. Smith bat ihn, bei General Motors zu bleiben, weil er gerade in dieser schwierigen Zeit von fundamentaler Wichtigkeit für das Unternehmen war. Aber er sah sich einem entschlossenen Iñaki gegenüber, der weggehen wollte, und Jack wußte, wenn Iñaki sich einmal etwas in den Kopf gesetzt hatte, dann konnte ihn nichts aufhalten.

Am folgenden Tag verfaßte John Smith eine kleine Nachricht für die New Yorker Börse, denn es ist Tradition, alle bedeutenden Ereignisse in Unternehmen, die an der Börse notieren, bekanntzugeben. Bei Börsenschluß gab es folgende Nachricht: „Doktor Iñaki López de Arriortúa verläßt General Motors, weil er von Volkswagen unter Vertrag genommen worden ist." Der „Mann des Jahres" der Automobilindustrie sagte den Vereinigten Staaten „Adiós", nachdem er fast elf Monate hier gelebt hatte. Als die Börse an der Wall Street wieder geöffnet wurde, verzeichneten die Aktien von General Motors einen leichten Verlust in ihrer Notierung. Einige Monate vorher hatten sie mit einem bedeutenden Aufschwung reagiert, als López seine Pläne bekanntgab, die Produktionskosten von General Motors zu senken und die Eigenfertigung von Teilen zu reduzieren – zugunsten der Vergabe an Zulieferer.

Die Erschütterung von General Motors erreichte bald den Aufsichtsrat: ein Aufsichtsrat, der in die Führung von López de Arriortúa Vertrauen hatte, weil seine Ergebnisse beeindruckend waren. Der Aufsichtsrat gab Smith einen dringenden Auftrag: Er sollte alle nur möglichen Anstrengungen unternehmen, um die baskische Führungskraft zum Bleiben zu bewegen. General Motors brauchte ihn, er durfte nicht weggehen.

Am Morgen des 12. März fuhren John Smith und zwei Mitglieder des Vorstandes von GM, Harry Pearce und Rick Wagoner, zum Haus von Iñaki López de Arriortúa. Einer amerikanischen Tradition zufolge hatte Superlópez sein Büro sofort nach der Kündigung verlassen, und seit dem Tag hatte er sein Büro nicht mehr betreten. Im Wohnzimmer des Hauses von Arriortúa hörten sich Smith, Pearce und Wagoner seine Klagen an, eine ganze Reihe Unzufriedenheiten, die sich im Laufe der Zeit angehäuft hatten: vor allem über das mangelnde Interesse, das General Motors in den letzten Monaten für sein Projekt, ein Werk im Baskenland zu bauen, gezeigt hatte. Smith hatte vom Vorstand den Auftrag, hoch zu pokern und machte dies auch. Der Präsident von General Motors und die zwei Vorstandsmitglieder versprachen, alles, was mit dem neuen Werk zu tun hatte, zu überdenken. Außerdem legten sie eine neue Ernennung für López auf den Tisch. Man war bereit, ihn zum Executive Vice President von North American Operations, der Niederlassung von GM, zu machen, die alle Aktivitäten in den Vereinigten Staaten kontrolliert – eine Stelle, die seit der Ernennung von John Smith zum Präsidenten von General Motors noch nicht wieder besetzt worden war. Wenn López annehmen würde, dann wäre er die Nummer zwei im größten Unternehmen der Welt.

Superlópez wurde schwach und versprach, seine Entscheidung zu überdenken. Am Samstagmorgen kamen Smith und Pearce wieder zu ihm. Im selben Wohnzimmer sprachen sie mit López. „Einverstanden, ich bleibe. Aber ihr müßt mir das feste Versprechen geben, daß eine Fabrik in Amorebieta gebaut werden wird." Der Präsident von General Motors atmete tief durch. „Einverstanden", antwortete er. „All dies wird am Montag im Vorstand geklärt werden. Nachmittags werden wir eine Pressekonferenz geben, und du selbst wirst die neue Situation erklären."

An jenem Wochenende ging es im Haus der Familie López wie in einem Irrenhaus zu. Das Telefon hörte nicht auf zu klingeln.

„Josin, ich habe in den Zeitungen gelesen, daß du zu Volkswagen gehst und wollte dich beglückwünschen!" sagte sein Anwalt Patxi Ocerin bei einem Anruf aus Amorebieta.

„Nein, ich bleibe. Wir bleiben endgültig hier."

„Ach so! Na ja, ist auch egal. Meinen Glückwunsch, daß du bleibst."

Alles schien geklärt. Arriortúa, der an diesem Wochenende nur drei Stunden schlief, erklärte der Agentur Efe, daß er bei seiner Entscheidung an erster Stelle an sein Land gedacht habe, an zweiter Stelle an seine Familie und an letzter Stelle an seine beruflichen Interessen. Es gab eine Zusage für die Fabrik in Amorebieta, und das war das Wichtigste. Er rief seine Mutter an, um sie zu beruhigen. „Nur keine Aufregung", sagte er zu ihr, „wir haben beschlossen, in Detroit zu bleiben." Und am 15. März, am Montag, kehrte José Ignacio López de Arriortúa an seinen Arbeitsplatz zurück: sehr früh, wie er es seit seiner Ankunft in den Vereinigten Staaten im Mai getan hatte. Er setzte sich an den Schreibtisch und begann eine kurze einführende Rede zu schreiben, die er bei der Pressekonferenz vorlesen wollte, die von der Presseabteilung von General Motors für drei Uhr nachmittags angesetzt worden war.

Um zehn Uhr morgens rief ihn Vorstandsmitglied Harry Pearce in seinem Büro an. „Iñaki! Ich gratuliere dir! Der Vorstand hat einstimmig deiner Ernennung zum Executive Vice President von North American Operations zugestimmt." Aber dies interessierte Superlópez nicht, er fragte

175

nach dem Rest, dem Versprechen, im Baskenland zu investieren. Und er hörte nicht das, was er erwartet hatte. Der
Aufsichtsrat hatte zwar in der Tat das Thema behandelt,
aber es gab keinen Beschluß. Man war bereit, die Untersuchungen fortzusetzen, aber man wollte nicht sofort investieren. Vielleicht könnte man das Automobilwerk 1998 in
Amorebieta installieren, wenn sich die Lage auf dem europäischen Markt verbessern würde.

Aber wenn Superlópez sich etwas in den Kopf gesetzt
hat, dann kann er nicht abwarten. Juan Miguel Antoñanzas,
der Expräsident von Seat, definiert diesen Zug seiner
Persönlichkeit exakt: „Er ist ein Prophet. Er sieht die
Dinge, die wahrscheinlich in 30 Jahren geschehen werden,
als ob sie schon morgen Wirklichkeit wären." Und Superlópez war nicht bereit, bis 1998 zu warten, um seinen Traum
erfüllt zu sehen. Außerdem hatten sie sein Vertrauen
mißbraucht. Von 1998 zu sprechen bedeutete für ihn, über
nichts zu sprechen. Er legte seine Rede, die er gerade für
die Pressekonferenz vorbereitete, zur Seite und nahm ein
weißes Blatt Papier. Darauf schrieb er eine Nachricht, die
an John Smith gerichtet war. Darin teilte er ihm mit, daß er
„von neuem" seinen Posten bei General Motors kündige.
Paco García, einer seiner engsten Mitarbeiter, war der einzige, den er informierte. Superlópez ging: Er packte seine
Siebensachen zusammen und verließ General Motors. Paco
García wurde damit beauftragt, den von López geschriebenen Brief an eine der Sekretärinnen von Präsident Smith zu
übergeben.

„Margari, pack die Koffer, nimm nur das Nötigste mit,
wir fliegen nach Deutschland. Ich verlasse General Motors.
Ich gehe zu Volkswagen. Man hat nicht gehalten, was man
mir versprochen hatte." Margari war alles klar. Sie wußte,

wenn Josin eine Entscheidung getroffen hatte, war es das beste, ihm ohne zu fragen zu folgen.

López kannte seinen schwachen Punkt sehr gut. Hinter dieser harten Führungskraft versteckt sich auch ein sehr sentimentaler Mensch, und deshalb verließ er das Gebäude in der Van-Dyke-Avenue incognito. Er wollte Zeit gewinnen, so schnell wie möglich in ein Flugzeug steigen, sich bei Volkswagen vorstellen und sagen: „Hier bin ich!", damit er sich nicht wieder der Überredungskunst von Jack Smith stellen mußte. „Was immer du mir auch sagst", so hatte er auf dessen Vorschlag, nach Detroit zu gehen, geantwortet, „ich habe nur zwei Antworten: 'yes' oder 'yes, sir.'" Und in diesem Moment war er sich nicht sicher, ob er seinem Präsidenten in die Augen sehen und sagen konnte: „No, sir."

Und damit nicht genug: Er hatte auch die Möglichkeit ins Auge gefaßt, daß man ihm die Rechnung präsentieren würde, weil er es gewagt hatte, gegen einen Giganten wie General Motors und seinen Aufsichtsrat zu rebellieren. Vielleicht würden die hohen Herren von GM seine Haltungsweise falsch auslegen und sogar glauben, daß es sich nur um eine Erpressung gehandelt hätte. Er wußte, daß er während seines Aufenthalts in den Vereinigten Staaten und vor allem während des letzten Wochenendes vielen hohen Führungskräften bei GM auf die Füße getreten war. In diesem Moment war er in einer bevorzugten Position. Der Präsident warf sich ihm fast zu Füßen und flehte ihn an zu bleiben. Aber wer gab ihm eine Garantie für die Zukunft? Würde sein Freund Jack Smith immer an der Spitze von General Motors stehen, um ihn zu fördern und ihn in Schutz zu nehmen?

In Detroit nahm er ein Flugzeug nach New York und von dort nach Frankfurt. Seine Frau und seine beiden ältesten

Töchter begleiteten ihn. Der Tanz begann. Smith konnte nicht glauben, was er auf der Nachricht las, die man ihm erst eine Stunde vor der Pressekonferenz übergeben hatte. Er rief im Büro von Superlópez an und sprach mit einem seiner engsten Mitarbeiter. Niemand wußte Genaueres. Er war gegangen, darin bestand kein Zweifel. Aber warum? Man hatte ihn zum Chef aller amerikanischen Aktivitäten befördert, und er würde weiterhin den weltweiten Einkauf kontrollieren. Konnte man mehr verlangen? Smith schrieb eine Pressenotiz, die in die Annalen der amerikanischen Industrie eingehen wird. Ein Präsident eines multinationalen Unternehmens sah sich gezwungen, die Hauptrolle in einem Possenstück zu spielen: „Heute", heißt es in dieser Notiz, „hatte ich die Absicht anzukündigen, daß Iñaki López bei General Motors bleiben würde und daß er neue Verantwortungsbereiche übernehmen würde. Leider hat mir Herr López erst vor wenigen Minuten einen Brief geschickt, in dem er mir schreibt, daß er die Stelle nicht annimmt und die Gesellschaft verläßt. Ich weiß nicht genau, welches seine Gründe sind und wo er sich in diesem Moment befindet." López flog gerade nach Wolfsburg.

In Amorebieta verfolgte seine Mutter die Ereignisse über die Medien. Am Morgen hatte sie im Radio noch gehört, daß ihr Sohn bei General Motors bleiben würde. „Natürlich, das hat er mir doch am Telefon gesagt!" Mittags sah sie in der Nachrichtensendung Euskal Telebista, daß die Angelegenheit noch nicht entschieden war und daß man erst am Abend die endgültige Entscheidung erfahren würde. Sie beschloß zu warten. „Wieso hat man den Jungen denn bei Firestone weggehen lassen? Was für Probleme hat er jetzt?" Sie wartete bis zur letzten Nachrichtensendung von ETB um 0.30. Sie wußte nicht, wie sie die Zeit bis dahin totschlagen sollte. Der Film, der im Fernsehen gezeigt wurde, konnte sie auch nicht ablenken, aber sie blieb dennoch auf. Sie hörte den Nachrichtensprecher sagen, daß Superlópez General Motors verlassen hätte und zu Volkswagen gegangen sei. „Sieh an, sie irren sich. Wenn er zu mir sagt, er bleibt in Detroit, dann wird er auch in Detroit bleiben. Diese Journalisten bringen alles durcheinander." Sie ging zu Bett. Am nächsten Morgen, als sie aufwachte und das Radio einschaltete, sprach man gerade von ihrem Sohn. Die gleiche Geschichte: Volkswagen. „Na, so etwas. Haben sich denn so viele Leute geirrt?"

Im Hause von Eugenia klingelte das Telefon. Es war neun Uhr dreißig morgens.

„Ama, bist du es?" es war Josin, ihr Sohn.

„Ja, ich bin es. Aber du, was ist das für ein Durcheinander? Du gehst, du bleibst? Mir ist das nicht klar."

„Keine Sorge, Ama. Schau, wir sind in Frankfurt, es geht uns gut, nichts ist passiert. Sage niemandem etwas. Ich werde dir bald alles erzählen."

Die bekanntesten amerikanischen Zeitungen widmeten der widersprüchlichen Angelegenheit an diesem Tag viel Platz auf ihren ersten Seiten. Die New York Times verkündete „die Änderung der Meinungsänderung". Die ersten Sätze der Information des einflußreichen The Wall Street Journal spiegelten die Pendelbewegung wider, die General Motors erlebt hatte: „López kündigt bei General Motors, er kommt wieder, wird befördert und kündigt von neuem." USA Today schrieb auf der Titelseite: „Eine Führungskraft von General Motors geht weg... sie geht nicht... jetzt ist sie doch gegangen."

Die amerikanische Presse schrieb der baskischen Führungskraft verschiedene Eigenschaften zu, sie nannte ihn exzentrisch und schlecht erzogen, weil er sich auf französisch verabschiedet und nicht einmal „Adiós" gesagt hatte. In diesen Tagen hatte sich General Motors zum Gespött des ganzen Landes gemacht. Einer der Angestellten hatte sich über das Unternehmen lustig gemacht, und es hatte die Schlacht gegen einen europäischen Konkurrenten verloren. Das war für Uncle Sam nicht tolerierbar.

Am Mittwoch, dem 17. März, verkündete der Vorstand von Volkswagen die Ernennung von José Ignacio López de Arriortúa zum neuen Direktor und Verantwortlichen für „Einkauf und Produktion". Er war die neue Nummer drei des deutschen Unternehmens und für viele deutsche Experten der zukünftige Vizepräsident. Volkswagen hatte in einer Auseinandersetzung gesiegt, deren Ausgang bis zum Schluß ungewiß war. Zwei multinationale Unternehmen hatten einen Kampf auf Leben und Tod geführt – um eine Superführungskraft.

Superlópez ging nicht alleine weg. Seine älteste Tochter und sein zukünftiger Schwiegersohn folgten ihm; die zwei waren bei der Einführung von PICOS bei General Motors beteiligt. Weitere GM-Mitarbeiter folgten.

Die Ankunft von Superlópez in Deutschland war ein Spektakel. Man könnte jedoch eher sagen, daß es nur eine Rückkehr war, weil er das Land erst vor elf Monaten verlassen hatte, um in den Vereinigten Staaten Karriere zu machen. Alle Medien in der Bundesrepublik berichteten in diesen Tagen über die endgültige Entscheidung des Kampfes, den Volkswagen und General Motors miteinander geführt hatten. Wie zu erwarten, gab es konträre Meinungen.

Für einige deutsche Kommentatoren bedeutete die Entscheidung von José Ignacio López de Arriortúa, bei VW einzutreten, einen Sieg gegenüber dem amerikanischen Giganten General Motors. Bis zu diesem Moment waren die amerikanischen Unternehmen immer im Vorteil gewesen, wenn es darum ging, hochkarätige Führungskräfte von deutschen Unternehmen abzuwerben. Auch General Motors war ein gutes Beispiel dafür, daß der Strom der Führungskräfte sich immer mit einer nach Detroit zeigenden Kompaßnadel bewegte. Jack Smith, Ignacio López und Robert Eaton – wenn auch der letztere von GM zu Chrysler gewechselt hat – haben den Weg von Deutschland nach Amerika angetreten. Den „Teich" zu überqueren bedeutete aufzusteigen, eine neue Stufe auf der Karriereleiter erreicht zu haben.

Andere jedoch stöberten in ihren Archiven, um die Deutschen daran zu erinnern, daß Superlópez auch unter dem Namen „Würger von Rüsselsheim" bekannt war, wobei sie gleichzeitig harte Zeiten für die Zulieferer der deutschen Automobilindustrie vorhersagten. Die Sensationszeitung Bild widmete der Person von José Ignacio López de Arriortúa eine ganze Serie, um ihn aus einem sehr negativen Blickwinkel zu porträtieren: Preiskürzungen, Entlassung von Arbeitern, Schließung von Werken usw. Die deutsche Ausgabe der amerikanischen Wirtschaftszeitschrift Forbes berichtete ähnlich, wenn auch mit einem größeren Informationsgehalt.

Superlópez ließ sich weder von den Kritiken noch von den Stimmen, die der deutschen Industrie ein Desaster vorhersagten, beeindrucken. Im Gegenteil, vom ersten Tag an begann er, hart zu arbeiten, um die kritischsten unter den Stimmen davon zu überzeugen, daß das Bild eines „Henkers", das sie ihm zugeteilt hatten, eine weit von der Realität entfernte Erfindung ist. Allerdings traf er einige Vorsichtsmaßnahmen und empfing keine Journalisten mehr. Je weiter sie von ihm entfernt waren, desto besser: Superlópez

hat in letzter Zeit einigen seiner treuesten Mitarbeiter gegenüber geäußert, er sei überzeugt, daß der größte Teil der
Probleme, mit denen er während seiner beruflichen Laufbahn konfrontiert war, auf eine zu hohe Präsenz der Medien
zurückzuführen sei. Eigentlich hatte er früher nicht die Devise vertreten: „Reden ist Silber, Schweigen ist Gold." Bis
zu seiner Ankunft bei Volkswagen hatte er immer gute Beziehungen zu den Medien unterhalten.

Er beschloß, sich eine Atempause zu gönnen, und ver-
ordnete 100 Tage Schweigen, um sich nur auf die Arbeit zu
konzentrieren. Während der ersten Wochen in Wolfsburg
lebte er in einem Hotel, das Volkswagen dort besitzt und
das die Führungskräfte benutzen, wenn sie aus allen Teilen
der Welt zum Hauptsitz kommen. Er legte seinen Mitarbeitern, die das Hotel mit ihm teilten, einen spartanischen
Stundenplan vor. Sie wurden um fünf Uhr morgens geweckt, Frühstück gab es um fünf Uhr dreißig, und bis acht
Uhr begaben sie sich dann in ihre Büros. Es gab Arbeit,
sehr viel Arbeit, sogar am Eßtisch im Hotel. Abends dasselbe Bild: Abendessen um acht, und bis um Mitternacht
wurde wieder an den Plänen und Konzepten gearbeitet. „Als
VW-Chef Piëch einmal spät in der Nacht ins Hotel kam",
erinnert sich eines der Mitglieder der Mannschaft von
Arriortúa, „und uns noch arbeiten sah, leuchtete sein Gesicht zufrieden auf. Er stellte fest, daß wir es wirklich ernst
meinten."

Der zweite Auftritt von Superlópez in den deutschen
Massenmedien nach seinem Einstieg bei Volkswagen – die
Premiere war am ersten Arbeitstag gewesen – fand Ende
März statt, als der Vorstandsvorsitzende des Unternehmens,
Ferdinand Piëch, eine Pressekonferenz gab, um das Be-
triebsergebnis von 1992 zu kommentieren. Wenn er nicht

als Pluspunkt die Einstellung von Arriortúa vorzuweisen gehabt hätte, dann wäre es Piëch vor den Journalisten sehr schlecht ergangen, denn diese wollten den höchsten Verantwortlichen von VW hart angreifen. Die Ergebnisse aus dem letzten Jahr waren dazu bestens geeignet. Allerdings ließ die Einstellung von Arriortúa und seine Teilnahme an der Pressekonferenz – obwohl er sich weigerte, Erklärungen abzugeben – alles übrige zurücktreten.

Als er in den Saal kam, in dem die Pressekonferenz stattfand, stürzten sich Fotografen, Fernsehkameras und Reporter, Mikrofone schwenkend, auf ihn. Nach einem kurzen Erstaunen über den Trubel, den er hervorgerufen hatte, zeigte er wieder seinen Sinn für Humor: „Aber was machen Sie denn! Ich bin doch nicht Robert Redford!" Während der restlichen Pressekonferenz gelang es ihnen nicht mehr, ihm auch nur noch ein einziges weiteres Wort zu entlocken. Sie mußten darauf warten, bis die 100 Tage vergangen waren, die er sich selbst auferlegt hatte.

Die regelrechte Flucht von López de Arriortúa wurde von den GM-Managern hart verurteilt. Besonders schlimm war es, weil die López-Kündigung weitere Austritte wichtiger Direktoren der Abteilung Einkauf und Produktion nach sich zog. General Motors Europa erhob vor deutschen Gerichten Klage gegen Superlópez und brachte gleichzeitig sein Unbehagen darüber zum Ausdruck, daß man die „guten Sitten" verletzt habe, da man eine massive Abwerbung von Direktoren vermute. Der Vorwurf hatte aber auch den Charakter einer Beweisaufnahme. Man verlangte von López de Arriortúa Aufklärung darüber, ob er Dokumente mitgenommen hatte, die Projekte von General Motors betreffen, und man verlangte von ihm, daß er das Eigentumsrecht von GM am PICOS-System zur Produktionsverbesserung anerkenne.

Die Presseabteilung von Opel veröffentlichte damals eine aufsehenerregende Nachricht, die folgenden Inhalt hatte:

„Der 'VW-Konzern erweckt den Eindruck, eigene Probleme durch eine massive Abwerbungskampagne bei Opel lösen zu wollen'. Dies erklärte der Vorstandsvorsitzende der Adam Opel AG, David J. Herman, angesichts der Tatsache, daß VW angeblich auf der Grundlage von Namenslisten gezielt mehr als vierzig Führungskräften von Opel und GM finanzielle Angebote bis hin zu einer Verdoppelung ihrer Einkommen gemacht habe. Herman forderte den Konzern-Vorstand von Volkswagen auf, zu einem Verhalten zurückzukehren, das in der deutschen Industrie bisher selbst unter harten Konkurrenten üblich war.

Der zu VW gewechselte ehemalige Chef-Einkäufer López habe in den vergangenen Tagen mit derartigen Angeboten eine Gruppe leitender Einkaufsmanager zum Verlassen der Adam Opel AG aufgefordert. Zuvor hatte die VW-Gruppe schon den deutschen Chef des Opel-Werkes in Eisenach mitten in der Anlaufphase dieser für beispielhafte Effizienz stehenden Fertigungsstätte abgeworben, gleichzeitig aber eigene Investitionen im Osten Deutschlands verschoben.

Herman sagte in Rüsselsheim, jeder fähige Mitarbeiter habe das gute Recht, sich zu verändern und seine berufliche Laufbahn wo auch immer zu gestalten. Es sei jedoch ein neuer Stil in der deutschen Industrie, wenn ein Unternehmen gezielt eine bestimmte Firma treffen wolle und zur Erreichung dieses Ziels überhöhte finanzielle Angebote außerhalb jeder bisher gültigen Norm abgebe.

Der Opel-Chef informierte im übrigen darüber, daß Dr. López aufgefordert worden sei, schriftlich zu erklären, er habe seine Geheimhaltungspflichten aus seinem ehemaligen Arbeitsvertrag beachtet und keine Dokumente über die aktuelle und künftige Unternehmensplanung seiner ehemaligen Firma mit nach Wolfsburg genommen.

Herman betonte, López habe während seiner Zeit bei Opel bemerkenswerte Leistungen gezeigt und das volle Vertrauen seiner Kollegen gehabt. Um so unverständlicher sei, daß Dr. López noch am Sonntag, dem 14. März 1993, in einer von ihm selbst verfaßten schriftlichen Erklärung bestätigt habe, auch weiter für GM/Opel arbeiten zu wollen – 'für die Firma, die ich liebe und für die Menschen, die ich liebe' –, dann am nächsten Tag ohne irgendeine schlüssige Erklärung das Haus verlassen und wiederum nur wenig später, vielleicht mit Billigung der VW-Konzernführung, seine Bemühungen gestartet habe, ganze Gruppen von Opel- und GM-Managern zum Wechseln aufzufordern.

Herman erklärte wörtlich: 'Wir haben lange überlegt, ob man die Vorgänge mit Schweigen übergehen sollte. Wir sind schließlich mit Bedauern zu dem Schluß gekommen, daß eine solch ungewöhnliche Aktion offengelegt werden muß. Wir tun es in unserer Verantwortung für rund 400 000 Arbeitsplätze, die allein in Deutschland direkt und indirekt von Opel abhängen. Wir tun dies als ein Unternehmen mit einer mehr als 130jährigen Tradition in der deutschen Industrie. Und wir tun es auch als ein Unternehmen, das sich in der Phase der Wiedervereinigung demonstrativ und mit großen Investitionen erneut für Deutschland engagiert hat.'

Die von VW initiierte Auseinandersetzung, sagte der Opel-Vorsitzende, werde letzten Endes Reaktionen herausfordern, das Image der deutschen Automobilhersteller beschädigen und nicht dazu beitragen, das Vertrauen der Öffentlichkeit in die Integrität der Führung der deutschen Schlüsselindustrie zu stärken."

Dieser letzte Absatz beinhaltet einen ganz besonders schweren Vorwurf. Opel gibt nicht nur zu verstehen, daß die Praktiken von Volkswagen die Stabilität von in Deutschland verwurzelten Industriefirmen wie z.B. Opel in Gefahr bringt; vielmehr wird suggeriert, daß die Einstellung von Superlópez ein Verrat gegenüber dem deutschen Staat ist: Das Interesse von López de Arriortúa, Investitionen in Spanien voranzutreiben, war ja öffentlich bekannt, und dies in einer besonders kritischen Situation für die Wirtschaft der neuen Bundesländer.

Trotzdem stimmen einige der Führungskräfte, auf die in der Pressenachricht angespielt wird, bei dem Streit um die „Abwerbungen" nicht mit der Version überein, die General Motors über ihr Weggehen verbreitet hat. José Manuel Gutiérrez ist zum Beispiel Superlópez schon immer gefolgt wie sein Schatten, seit der Mann aus dem Baskenland in die Automobilindustrie gegangen ist. Sie haben sich in Saragossa während des Aufbaus des Werkes von Figueruelas kennengelernt. Gutiérrez, ein Ingenieur aus Jeréz, war für die Einkaufsabteilung des Unternehmens eingestellt worden. López de Arriortúa hingegen war mit der Produktion beauftragt. Obwohl sie in jenen Anfangstagen von Opel in Spanien in unterschiedlichen Abteilungen arbeiteten, entstand zwischen ihnen eine besondere Freundschaft. Ihre ähnlichen beruflichen Aussichten sollten für die Zukunft entscheidend sein.

Als Superlópez die Leitung des Einkaufs in Saragossa übernahm, wurde José Manuel Gutiérrez einer seiner Krieger, der auch dazu bereit war, einen Corsa in alle Einzelteile zu zerlegen, wenn es für die Suche nach Möglichkeiten zur Kostensenkung notwendig war. Und Gutiérrez folgte Superlópez von Saragossa nach Rüsselsheim, von dort nach Detroit und jetzt nach Wolfsburg. Er befand sich gerade in Japan, als man ihm telefonisch mitteilte, daß José Ignacio López de Arriortúa endgültig General Motors verlassen hatte, um bei Volkswagen anzufangen. Er dachte nicht eine Minute lang nach. Er wußte, was er zu tun hatte. Er flog sofort in die Vereinigten Staaten zurück, und als er in Detroit ankam, überreichte er sogleich seinen Kündigungsbrief an General Motors. Er wußte – Superlópez hatte es ihm oft genug gesagt –, daß er immer eine Stelle neben der baskischen Führungskraft haben würde, an welchem Ort auch immer. Und obwohl er in den letzten Stunden noch nicht mit ihm gesprochen hatte und nicht einmal ein Angebot von Volkswagen erhalten hatte, war er überzeugt, daß er verpflichtet sei, López zu folgen. „Wenn er geht, dann gehe ich auch. Und an dem Tag, an dem er in den Ruhestand gehen wird, werde ich es auch tun." Derzeit denkt er aber noch lange nicht an seinen Ruhestand. Er ist verantwortlich für den Einkauf bei der Marke VW.

Andere hatten nicht das gleiche Glück oder mußten den Preis dafür zahlen, daß sie nicht bereits in unsicheren Zeiten zu einem Risiko bereit waren. General Motors reagierte schnell und brachte den größten Teil der Mitarbeiter von Superlópez, die nicht bei der ersten Gelegenheit gegangen waren, dazu, Verträge zu unterzeichnen, in denen sie sich verpflichteten, zwei bis fünf Jahre lang bei General Motors zu bleiben. Viele von ihnen befinden sich jetzt mitten in einer juristischen Auseinandersetzung mit dem amerikanischen Unternehmen, weil es ihr Wunsch ist, López zu folgen.

Superlópez hingegen kümmert es nicht allzusehr, daß ein Gericht das PICOS-System als Eigentum von General Motors anerkennt. Wahrscheinlich schmerzt es ihn, weil er es als sein Werk betrachtet, aber er weiß, daß er schon am nächsten Tag ein anderes identisches Programm schaffen kann, das er PECOS, MECOS oder FLECOS nennen wird, denn im Grunde genommen hat er gar nichts entdeckt. Er hat nur seinen gesunden Menschenverstand benutzt, und der ist Eigentum von niemandem.

Da es besser ist, vorzubeugen als zu heilen, hat Superlópez seit seinem Arbeitsbeginn bei Volkswagen aufgehört, auf seine PICOS-Methode hinzuweisen. Jetzt spricht er von einer neuen Methode, dem KVP-Programm im Quadrat, dem „Kontinuierlichen Verbesserungsprogramm": einem ständigen Verbesserungsprogramm mit exponentialen Ergebnissen, in dem er die grundlegenden Ideen gesammelt hat, für die er immer gekämpft hat (KVP siehe Anhang I).

Aber die Einführung von Neuerungen wird für ihn bei Volkswagen ebenso schwierig sein wie bei seinen früheren Unternehmen. Bei Firestone stieß er an seine Grenzen durch die Gewerkschaften, als er seine Ideen über die Produktionskontrolle in die Praxis umsetzen wollte; bei Opel Saragossa mußte er sich mit deutschen Ingenieuren auseinandersetzen, die angesichts seiner Versuche, eine Fabrik nach seinen Vorstellungen zu bauen, auf ihre jahrelange Erfahrung pochten. Allerdings hatte er dort mehr Erfolg; in Rüsselsheim und später in Detroit war er gezwungen, sich mit den Zulieferern herumzuschlagen, um größere Rabatte bei den Preisen zu erzielen. Und wenn man in Detroit begann, über die Schaffung eines „Clubs der Betroffenen" nachzudenken, so wurde er in Wolfsburg bereits wenige Wochen nach seinem Eintritt bei Volkswagen gegründet.

Mitte Mai 1993 teilten die Zulieferer von Volkswagen dem Chef Ferdinand Piëch und einem großen Teil der Aufsichtsräte und Aktionäre ihre Besorgnis mit. Die Methoden, die López anwendet, sind schwer zu akzeptieren, sie bringen große Veränderungen mit sich und verständlicherweise widersetzt sich jedermann dem Wechsel. Auf Bitte der Präsidentin des Deutschen Automobilverbandes (VDA), Erika

Emmerich, lud der Vorstandsvorsitzende von VW, Ferdinand Piëch, die wichtigsten Zulieferer des Unternehmens zu einer Aussprache ein, an der auch López de Arriortúa selbst teilnahm sowie der Ministerpräsident von Niedersachsen, Gerhard Schröder.

Laut dem Sprecher des Verbandes VDA hatte man den Ministerpräsidenten eingeladen, weil die Regierung von Niedersachsen einer der Hauptaktionäre des Automobilherstellers ist. Sie besitzt 20 % des Kapitals und hat einen bedeutenden Einfluß auf den Aufsichtsrat. Die Regierung dieses Landes kündigte auch die Absicht des deutschen Herstellers an, die Dienste von Superlópez in Anspruch nehmen zu wollen.

Wenn die deutschen Zulieferer von Volkswagen den Namen José Ignacio López de Arriortúa hören, dann schrecken sie auf. Viele von ihnen, die jetzt mit ihm als Zulieferer von VW zusammenarbeiten müssen, kennen seine Härte bereits als Zulieferer von Opel. Es sind dieselben oder zumindest viele von denjenigen, die ihm Jahre zuvor den Spitznamen „Würger von Rüsselsheim" gegeben haben: als Reaktion auf den Druck, den er auf sie ausübte.

Lieferanten müssen wie alle Unternehmer klagen und jammern – sonst wären sie keine richtigen Unternehmer. Ein Sprecher des VDA erklärte öffentlich, daß die Anwesenheit von López de Arriortúa bei Volkswagen die ganze Industrie von Niedersachsen und von vielen anderen Bundesländern in Gefahr bringen könne. „Die Situation", so hieß es, „ist kritisch, weil bereits die Mehrheit der Zulieferfirmen mit Verlusten arbeitet. Und deshalb glauben wir, daß López die ganze industrielle Infrastruktur ruiniert, wenn er die eingeschlagene Richtung weiterverfolgt." Mit dem gleichen alarmierenden Pessimismus sagte der Sprecher eine

große Zahl von Konkursen in der Automobilzulieferindu-
strie voraus, „wenn Volkswagen die Praxis des Drucks fort-
führt, die man bereits angekündigt hat, und versucht, mit
Erpressungen und auf Kosten der Zulieferer die Nachfrage-
krise zu überwinden."

Die Regierung von Niedersachsen ist sich mit oder ohne
Superlópez bewußt, daß ein gewaltiger, sozialer Druck auf
sie zukommen wird, denn man ist hier überzeugt: Der Zulieferindustrie steht ein Umstrukturierungsprozeß bevor.
Der Wirtschaftsminister hat öffentlich zugegeben, daß von
den 10000 Firmen, die derzeit Teile liefern, nur ein kleiner
Prozentsatz auf der „Liste" bleiben wird. Nach seinen eigenen Voraussagen werden von den 2300 Zulieferern, die sich
in Niedersachsen befinden, nur etwa 100 ihre direkte Ver-
bindung mit VW als System- oder Modullieferant aufrechterhalten können. „In diesem bevorstehenden Prozeß", sagte
der Wirtschaftsminister, der Sozialdemokrat Peter Fischer,
„ist es für den Automobilsektor des Landes unumgänglich,
sich der friedlichen Herausforderung zu stellen. Es ist sicher, daß nicht alle Lieferanten mit ihren 70000 Angestellten überleben werden." Deswegen ist es der Politiker selbst,
der die Zulieferindustrie dazu auffordert, einen beschleunig-
ten Umwandlungsprozeß mit neuen Verträgen und Zuliefe-
rer-Kooperationen zu beginnen.

Der Ministerpräsident von Niedersachsen, Gerhard
Schröder, sitzt sozusagen zwischen zwei Stühlen: Einerseits
möchte er als Hauptverantwortlicher einer Regierung, die
Hauptaktionär von Volkswagen ist, daß das Unternehmen
gute Ergebnisse erzielt. Und von dieser Perspektive aus gefällt ihm der Prozeß, den Superlópez ins Rollen gebracht
hat. Aber er ist sich natürlich auch dessen bewußt, daß er an
der Spitze einer Regierung steht, und von dieser Position

aus muß er das Beste für die Bürger erreichen. Unter anderem sind es diejenigen, die einen Großteil seiner Wählerstimmen bilden.

So nahm er an der Versammlung zwischen Volkswagen und seinen Zulieferern teil, in der die Verantwortlichen des Unternehmens versuchten, die Gemüter der Zulieferer zu beruhigen. „Keine unnötige Aufregung", empfahlen die Verantwortlichen von VW. Sie versicherten, daß es nicht das Ziel ihres Unternehmens sei, die Lieferanten in den Ruin zu treiben. Wie immer, wenn Superlópez sich dem Ärger der „Betroffenen" gegenübersah, sprach er auch bei dieser Gelegenheit von der Notwendigkeit, eine höhere Produktivität zu erzielen, weil andernfalls nicht nur die Zulieferer, sondern mit ihnen auch Volkswagen dazu verurteilt wäre, vom Markt zu verschwinden. Und er rief wie immer dazu auf, sämtliche Kräfte zu mobilisieren, hierbei unterstützt nicht nur von dem Vorstandsvorsitzenden von VW, sondern auch vom Ministerpräsidenten von Niedersachsen selbst. „Ich bin zufrieden", sagte Schröder einige Tage nach dem Treffen mit den Lieferanten, „daß wir die Dienste von Herrn López in Anspruch nehmen können. Ich werde nicht darauf warten, daß die Japaner sich auch noch des deutschen Automobilmarktes bemächtigen, weder dem der Hersteller noch dem der Lieferanten. Piëch und López möchten dies verhindern, und ich werde ihnen helfen."

Der Ministerpräsident hat gute Gründe, so zu denken. Die Automobilgruppe Volkswagen schloß das erste Quartal 1993 mit hohen Verlusten ab, und gemäß den Voraussagen wird man auch im zweiten Quartal 1993 rote Zahlen schreiben. Ein niederschmetterndes Ergebnis, wenn man es mit dem Gewinn vergleicht, den das Werk im ersten Quartal 1992 erzielt hat. In den ersten drei Monaten von 1993 hat

Volkswagen nur 724 949 Fahrzeuge hergestellt, 21 % weniger als während des ersten Quartals des Jahres zuvor. Seat in Spanien hat am meisten unter der nachlassenden Nachfrage gelitten mit einem Rückgang von 50,8 %.

Mit diesen Zahlen in der Hand zögerte die Direktion von Volkswagen nicht lange, einen raschen Anpassungsprozeß in Gang zu setzen, bei dem nicht nur sofort die neue Einkaufspolitik angewandt werden wird, mit deren Durchsetzung José Ignacio López de Arriortúa beauftragt worden ist. Zwischen den Monaten Januar und März 1993 verminderte sich auch die Belegschaft des Unternehmens um 4,4 %, gleichzeitig wurde ein großer Teil der geplanten Investitionen eingefroren – auch in dem neuen Werk in Zwickau.

Die Anzeichen für den „Aufstand" der Lieferanten haben sich auch auf andere Länder ausgedehnt. In Österreich ist man z.B. der Meinung, daß die Praktiken von Superlópez sich in eine Epidemie mit vielen Nachahmern unter den übrigen europäischen Automobilherstellern verwandelt haben. Eine österreichische Wirtschaftszeitung berichtete in einer Reportage, die José Ignacio López de Arriortúa gewidmet war, daß die Lobby der deutschen Unternehmen „die Lieferanten wie Zitronen auspressen". Viele von ihnen begännen bereits zu befürchten, daß sie vom Markt verschwinden werden.

Professor Nueno versichert: „Die Problemstellungen für die Versorgung der Automobilhersteller haben die Welt des Einkaufs in den letzten Jahren verwandelt, und das wird sich ganz allmählich auf die ganze Wirtschaft auswirken. Das Modell von José Ignacio López de Arriortúa besteht nicht darin, den Lieferanten auszupressen – ebenso wie er ihnen mit dem Just-in-time-Konzept nicht ihre Existenz wegnehmen will. Wenn man das so deutet, ist man kurz-

sichtig, und das führt nirgendwohin. Es geht nicht um Preisdrückerei – es geht um Kostensenkung. Alle Automobilunternehmen verdienen Lob für die Entwicklung einer Philosophie, deren Absicht die gemeinsame Beseitigung der Verschwendung ist, ebenso wie die ständige Verbesserung als
gegenseitige Befruchtung der Zusammenarbeit zwischen
Lieferanten und Kunden. Die Planung des Einkaufs mit einer breiten Perspektive, die auch integrierte Dienstleistun-
gen beim Produkt, der Logistik und dem Design beinhaltet,
ist ein anderer Aspekt dieser Philosophie. Wer es versteht,
diese Ideen in leichten und praktischen Sätzen zu formulie-
ren, wie es Iñaki machte, der sie PICOS oder VASCO
nannte, der hat sich didaktisch verdient gemacht. Zu wissen,
wie man diese Dinge in die Praxis umsetzt, das ist das Verdienst einer Führungskraft. Aber die Fähigkeit von López
de Arriortúa, mit seiner Mannschaft zu kommunizieren und
sie zu motivieren, das ist das Charisma, das eine große
Führungskraft besitzen sollte."

Die Untersuchung der Automobilindustrie in Europa in
den letzten Jahren bestätigt, fügt Pedro Nueno hinzu, daß es
einigen Unternehmen gelungen ist, eine außerordentliche
Umgestaltung vorzunehmen. Heute gibt es in Spanien Unternehmen, die den Automobilmontagewerken einbaufertige
Systeme liefern und die gemäß der Just-in-time-Methode arbeiten, was praktisch bedeutet, daß sie ihre Herstellungspro-
zesse zeitgenau an die der Kunden anpassen. Das bedeutet
drei oder vier Lieferungen pro Tag, wobei sie das Produkt,
das keinerlei Mängel mehr aufweist, direkt an das Montage-
band liefern. Sie arbeiten mit sehr vielseitigen und hochqua-
lifizierten Arbeitern. Zum großen Teil sind diese Umwand-
lungen durch die Einkaufsabteilungen der Automobilhersteller begünstigt worden. Männer wie Ignacio López, Hel-

mut Schäfer (BMW), Klaus-Dieter Vöhringer (Mercedes), Michel Collin (Renault) haben diesen Wechsel stimuliert, und durch sie existieren diese Lieferanten.

Für den Professor und Unternehmensberater ist es klar, daß die aggressive Führung im Bereich des Einkaufs Staub aufwirbelt. „In Spanien", bestätigt er, „werden Männer wie José Luis Domínguez von Nissan, Honorio Pertejo von Sogedac oder Javier Nebreda von Renault genauso wegen ihrer Ideen respektiert, wie sie wegen ihrer Macht gefürchtet werden. Aber wenn man es mit Unternehmern aus diesem Sektor zu tun hat, kann man viele finden, die in diesen schwierigen Wassern zu schwimmen gelernt haben. Für diejenigen, denen das gelingt, stellt die Integration beim Kunden eine gewisse Garantie für das Überleben dar. Für diejenigen, die Schwierigkeiten haben, diese Philosophie anzunehmen, stellen die Ideen von Iñaki und seinen Kollegen einen 'Leidensweg' dar. Das Modell von López de Arriortúa bildet eine Gesamtheit technischer Instrumente in den Händen einer Mannschaft von befähigten und motivierten Personen, die durch das Charisma der Führungskraft verbunden sind. Alle zusammen bilden ein mächtiges Werkzeug. Seit mehreren Jahren hat die Automobilindustrie Führungskräfte höchster Qualität gesucht, und ihr Durchhaltevermögen hat es den Besten ermöglicht, an die Spitze zu gelangen."

„Diese Schranken meteorartig zu übersteigen", folgert Nueno, „und intellektuell in diesem Sektor über sich selbst hinauszuwachsen ist nicht einfach. Leider assoziiert man in der Welt Spanien weder mit dem Bild eines Landes von Führungskräften, noch erwartet man, daß die spanischen Führungskräfte das Management revolutionieren. Diese kulturellen Umstände bewirken, daß die Ideen von López de Arriortúa und seine Fähigkeit, sie anzuwenden, bei vielen

Gelegenheiten kritischen Prüfungen unterzogen werden. Daß es Iñaki gibt und daß er Erfolg hat, ist gut für die Unternehmer und die spanischen Führungskräfte."

Mit moralischer Unterstützung, wie die von Professor Nueno, und mit dem Vertrauen, das ihm seine Vorgesetzten entgegenbringen, ist Superlópez in der Lage, sein Ziel zu verfolgen.

Und er wird sich auch weiterhin der Notwendigkeit bewußt sein, die Kosten zu senken und alle Verträge mit den Lieferanten neu zu verhandeln. Er wird mit ihnen über das geteilte Risiko, den geteilten Gewinn und die wachsende gegenseitige Abhängigkeit sprechen, über die Verbesserung der Methoden und die Beseitigung von „Staus" in den Fabriken sowie über die dritte industrielle Revolution. Gleichzeitig hält er seinen Traum aufrecht, daß eines Tages Schaufelbagger die Erde des Viertels Boroa in Amorebieta, seinem Dorf, ausheben werden, weil dort eine Automobilfabrik errichtet wird.

López will keine einzige Minute verlieren. Am 19. April, einen Monat nach seiner Einstellung bei Volkswagen, organisierte López de Arriortúa eine Versammlung in Bilbao mit seinen früheren „baskischen Partnern" BBV, BBK, der Kooperative Mondragón usw. Und er brachte einen besonderen Gast mit: Ferdinand Piëch, seinen Vorstandsvorsitzenden, damit dieser vor Ort überprüfen konnte, daß alles, was ihm erzählt wurde, der Wahrheit entspricht, daß man López in seinem Land unterstützt und daß man dort bereit ist, die dritte industrielle Revolution zu finanzieren. Von diesem Tag an hat es bereits mehrere Kontakte zwischen Volkswagen und den „baskischen Partnern" gegeben. Das Ergebnis ist noch unbekannt, aber es gibt viele, die auf die Macht von Superlópez vertrauen.

Der Präsident der baskischen Regierung, José Antonio Ardanza, hat gesagt: „López de Arriortúa ist ein hartnäckiger Typ, der nie ermüdet. Wenn er etwas erreichen will, dann hält ihn nichts auf. Wenn er dafür einen Berg versetzen muß, dann tut er das, selbst wenn er mit dem Kopf dagegenstoßen muß.“

Anhang I

Zwischenbilanz aus Wolfsburg

von Hermann Selzle
Herausgeber der Zeitschrift
AUTOMOBIL-PRODUKTION
verlag moderne industrie

DER spektakuläre und undurchsichtige Wechsel des Supermannes José Ignacio López de Arriortúa von General Motors zu Volkswagen brachte Europas größtem Automobilkonzern mehr Schlagzeilen als den Wolfsburgern lieb war. Mit jeder Zeile über López wurde VW schonungslos ein Spiegel der eigenen Unfähigkeit vorgehalten. Das VW-Zerrbild: zu fett, zu verkrustet, zu eingebildet. Der Retter: ein Spanier aus Amerika – López, der weiße Adler.

Noch unangenehmeres Presse-Störfeuer gab es von GM/Opel wegen Industriespionage und Abwerbung. Die Regenbogenpresse hatte sich ohnehin längst verselbständigt: López – der Würger von Wolfsburg. López – der Gnadenlose. López – der Sieger über die Gelbe Gefahr.

Da beschlossen López und VW eine 100-Tage-Schwei-gepflicht. Nicht, daß man an ihn in dieser Zeit gar nicht her-angekommen wäre – er hörte sich Interviewwünsche an und befaßte sich mit Einladungen für Vorträge, um dann höflich auf später zu vertrösten.

Am 14. Juni 1993 stellte sich López, Mitglied des Vorstands der Volkswagen AG für „Produktionsoptimie-rung und Beschaffung" und jetzt auch Aufsichtsrat von Audi und Seat, den Fragen der Presse. Die 120 Journalisten, viele aus Spanien, empfingen López in Hannover positiv-abwartend.

López war wie immer: bestens vorbereitet, rethorisch glänzend und liebenswert im Auftritt durch ein Kauder-welsch aus Englisch, Deutsch und Spanisch. Bei Fragen der Journalisten lobte er jeden Fragesteller mit Bemerkungen wie: gute Frage, danke; sehr wichtige Frage, usw. Nach kur-zer Anlaufzeit wurde López zum quirligen Magier. Auf eine Frage nach dem Personalabbau bei VW antwortet er konkret – und trotzdem nicht faßbar: Sowie VW wieder Tritt gefaßt habe, werde kein Personal mehr abgebaut. Im Gegenteil, es werden neue Leute eingestellt, denn VW werde die Produk-tivität steigern, also fürs gleiche Geld dem Kunden mehr Wert anbieten können. Und das werde die Nachfrage stei-gern und das wiederum den Arbeitskräftebedarf.

Dann kam, was nicht ausbleiben konnte: sein Verhältnis zu den Zulieferern. López ließ keinen Zweifel daran, daß die Positionsbestimmung der europäischen Automobil- und Zulieferindustrie kein rosiges Bild abgibt. Unser Niveau entspreche nicht dem Weltstandard. Der notwendige Struk-turwandel müsse unverzüglich angegangen werden, um die Wettbewerbsnachteile gegenüber den Weltbesten – vor al-lem den Japanern – auszugleichen.

Dabei gelte es, die gemeinsamen Interessen von Automobilherstellern und deren Zulieferern in einer engen Zusammenarbeit zwischen beiden zu konzentrieren. Das seien zugegebenermaßen schmerzliche Prozesse, aber VW verlange seinen Lieferanten nicht mehr ab als sich selbst und biete seinen Partnern Hilfe zur Selbsthilfe an.

„Nicht Gegnerschaft, sondern Partnerschaft ist unsere Devise, denn es geht um unser gemeinsames Überleben. Daher muß es auch das gemeinsame Ziel sein, am Standort Deutschland – und damit ebenfalls in Europa – wettbewerbsfähiger zu werden", betonte López.

Die große Mehrheit der Lieferanten stehe hinter seinem Ansatz, weil sie darin die Chance sehen, den unvermeidlichen Strukturwandel, den Konzentrations- und Selektionsprozeß erfolgreich zu meistern.

Bei seiner Aussage, die große Mehrheit der Zulieferer stünde hinter ihm, verschätzt sich López. Noch überwiegt bei den mittelständischen Zulieferern der Würger und nicht der Helfer. López hätte in diesem Zusammenhang einen besseren Trumpf ausspielen können. Wenn schon nicht die große Mehrheit, so steht immerhin der größte Zulieferer hinter López – Bosch.

Natürlich wäre es den Zulieferern lieber, es wäre alles noch so wie vor zehn Jahren – wachsende Umsätze, jährlich steigende Preise. Aber die Zeit ist nicht mehr so. Wir haben einen durch und durch vom Kunden geprägten Käufermarkt – und wir haben weltweit eine Überkapazität von zehn Millionen Autos pro Jahr. Und wir haben in Deutschland nicht wegzudiskutierende Standortnachteile, auch wenn das immer wieder versucht wird.

Der Weg zum Überleben der deutschen Automobilindustrie führt zuerst einmal über die Kosten. Das ist die grundlegende Erkenntnis, wenn Zulieferer in López mehr und mehr einen Paulus statt einen Saulus sehen. Auch wenn es stets ein Hauen und Stechen ist, der Geist von PICOS basiert auf dem Grundsatz, zu dem López jederzeit steht: „Ich möchte dieses Zulieferteil um 15 Prozent billiger einkaufen – und ich zeige dir, wie man es 20 Prozent billiger herstellen kann".

Dabei muß der Kostenvorteil nicht immer und ausschließlich beim Zulieferer entstehen; ein riesiges Potential liegt beim Hersteller selbst, zum Beispiel durch eine fertigungsgerechte Teilekonstruktion, durch eine wohlabgestimmte Gleichteilepolitik, durch unnötigen Logistikaufwand.

Natürlich ist López auch in Wolfsburg kein Engel. Er trickst bei Einkaufsverhandlungen, er droht mit dem Zaunpfahl Japan, er wickelt solche Zulieferer, die er unbedingt braucht, in ein „Wir-Gefühl" ein, er spielt Mitarbeiter untereinander und ganze Firmen gegeneinander aus, er benutzt Hektik als Strategiemittel, und er begeht schon mal eine Notlüge zu seinem Vorteil.

Manchmal überspannt López den Bogen und gerät dabei an den Falschen. Als es einmal nicht um ein Zulieferteil, sondern um eine Produktionsanlage ging, präsentierte der Anbieter sein fein ausgearbeitetes Konzept und nannte dafür einen Preis von 4 Millionen DM. López schob ihm einen Zettel über den Tisch, auf dem stand: Tagespreis López 3 Millionen. Der Anbieter trank seinen Kaffee aus und verabschiedete sich mit den Worten: „… vielleicht ein andermal".

Seit López bei VW ist, redet er mindestens genauso gerne über die Kostensenkung in den eigenen Werken wie über Zulieferpreise. Das ist ohne Zweifel auch der Wunsch von VW-Chef Ferdinand Piëch. Mit der Einrichtung des Geschäftsbereiches „Produktionsoptimierung und Beschaffung" ist auf Konzernebene eine ganzheitliche und durchgängige Verantwortung für alle Produktionsprozesse sowie für sämtliche Beschaffungsaufgaben installiert. Endlich können jetzt konzernweit umfassende Prozeßoptimierungen und deutliche Produktivitätssteigerungen erreicht werden. Das alles muß sehr schnell gehen. Deshalb will López bei Volkswagen alle wesentlichen Arbeitsprozesse parallel durch Teams bearbeiten lassen. Das Gebot der Stunde sei nicht ein Arbeiten nacheinander, sondern gleichzeitiges, gemeinschaftliches Arbeiten in Gruppen, die je nach Aufgabenstellung immer wieder neu formiert werden.

Die Zwischenbilanz für López bei VW ist positiv: Bis jetzt sind etwa 50 Teams im Einsatz, die im Rahmen von Workshops den Verbesserungsprozeß voranbringen. Durch den Schneeballeffekt werden schon in Kürze annähernd 100 Teams konzernweit im Einsatz sein, um die Produktionsoptimierung voranzutreiben. Es ist nicht so, daß ein López bei BMW oder Mercedes nicht auch erfolgreich sparen könnte – aber bei VW sind seine Erfolgschancen wohl am größten. Es ist eine schallende Ohrfeige für alle Produktionsmanager bei VW, wenn López von einem „traumhaften Rationalisierungspotential in den Fertigungsabläufen" spricht. Aber nur im ersten Moment, denn auch López weiß, daß bis vor kurzem – zum Schluß noch einmal angeheizt durch den Boom im Osten – eine ganz andere Devise galt. Die Produktionsvorstände Hartwich (Konzern) und Weißgerber (Marke VW) wurden von VW-Chef Carl Hahn nicht an Kostensenkungen gemessen, sondern ausschließlich daran, ob sie täglich 5.000 Autos aus den Fabriken herausbrachten oder nicht.

Kurzarbeit veränderte diese Situation schlagartig. Die Prioritäten haben sich gewandelt – hin zu den Kosten, denn die Rentabilitätsgrenze liegt bei VW zu hoch. Schon in guten Zeiten begann das Geldverdienen erst bei einer Kapazitätsauslastung von rund 93 Prozent. Kein Spielraum also für Umsatzschwankungen nach unten. Diese gerade in schwierigen Zeiten lebenswichtige Zahl liegt bei Renault, dem europäischen Spitzenverdiener, zwischen 60 und 65 Prozent. Das sagt alles.

Und so hat López die Weichen gestellt: 114 Workshops gegen die Verschwendung von Geld, Zeit und Platz brachten folgendes Durchschnittsergebnis:

– Anlagenproduktivität	+ 28 %
– Fertigungsqualität	+ 30 %
– Vorlaufzeiten	– 37 %
– Umlaufbestände	– 34 %
– Produktionsfläche	– 29 %
– Reduzierung nicht-wertschöpfender Tätigkeiten	80 %

Vom Durchschnittsergebnis zum konkreten Fallbeispiel: Im VW-Werk Salzgitter wurde im Rahmen eines Workshops die Kolbenvormontagelinie opimiert. Dabei wurden konkrete Verbesserungen im Produktionsablauf umgesetzt, so zum Beispiel die Änderung des Arbeitsplatz-Layouts, also das Umsetzen von Maschinen und Arbeitsplätzen sowie das Kombinieren von Tätigkeiten. Die Qualität verbesserte sich um 37 Prozent, die Produktivität stieg um 67 Prozent, der Platzbedarf verringerte sich um 60 Prozent, die Durchlaufzeit reduzierte sich um 65 Prozent und der wertmäßige Umlaufbestand nahm um 37 Prozent ab.

Ein Mann wie López muß sich an Taten messen lassen, nicht an Worten. Die Zahlen in der Tabelle auf der nächsten Seite sind Erfolge. Sie begeistern den Boß Piëch und gleichermaßen die Leute in der Werkstatt. Zum Beispiel Cathrin

Werk Salzgitter
Workshop Kolbenvormontagelinie
Ergebnisse

	Vorher	Nacher	%
Qualität (Fehler/Monat)	305	195	– 37
Produktivität (Satz Pleuel/MA)	133	222	+ 67
Platz (qm)	445	175	– 60
Durchlaufzeit (Std.)	2,1	0,75	– 65
Umlaufbestand (TDM)	488	308	– 37

López-Erfolge bei VW. Gegenüber den GM- und Opel-Fabriken wartet auf López bei VW ein „traumhaftes Rationalisierungspotential".
Quelle: VW

Lüders, Teamkoordinatorin im Motorenwerk Salzgitter. Aufgrund konkreter Hinweise von Dr. López konnte sie im Bereich der Schmiermittelwirtschaft – immerhin ein Einkaufsvolumen von sieben Millionen Mark pro Jahr – die Variantenzahl von acht auf vier reduzieren und dadurch eine Kostensenkung von 20 Prozent erreichen.

López verkündet dies strahlend – und den Fachleuten treibt es die Tränen in die Augen. Sortenreduzierung bei Schmierstoffen – war das nicht vor zehn Jahren schon mal ein Rezept gegen ein Groschengrab bei VW? Hat seinerzeit nicht eine Unternehmensberatung den Sortenwildwuchs beseitigt und alles auf Vordermann gebracht? Alles wieder vergessen, alles wieder verlottert in den letzten Jahren der Hochkonjunktur?

Es ist ein besonderes Merkmal von López, daß er jegliche Verschwendung schon auf eine Entfernung von hundert Metern wittert und sie dann sofort beseitigt. Er wird unerträglich, wenn eine heftig sprudelnde Verlustquelle nicht heute, sondern erst morgen beseitigt wird. Dazu ein VW-Manager: „Vor der López-Ära dauerte es in unseren VW-Zirkeln oft zwei Monate, bis da etwas lief. Heute geht das in Stunden oder Tagen, López macht Druck".

Am Rande der Erfolgslinie für VW gibt es für López einen kleinen Schönheitsfehler. Er verspricht sich zu oft, weil er seiner PICOS-Methode neuerdings den umständlichen Namen „KVP hoch 2" geben mußte. In den Streitereien zwischen seinem alten und seinem neuen Arbeitgeber meldet General Motors geistiges Eigentum für PICOS an. Da der Richter, der dieses gerecht entscheiden könnte, noch nicht geboren ist, und López dieser Erbsenzählerei aus dem Weg gehen will, wählte er „KVP im Quadrat".

Vielleicht nicht die glücklichste Entscheidung, weil nicht originell, nicht merkfähig und leicht verwechselbar. KVP steht für „Kontinuierlicher Verbesserungsprozeß" und bedeutet die stetige Verbesserung von Produkten und Prozessen durch die Mitarbeiter selbst – in kleinsten Schritten. Es ist eine Methode, die nie ihr Ende findet, weil es nichts auf der Welt gibt, was nicht jeden Tag ein bißchen besser gemacht werden könnte. Das Kürzel KVP entstand 1989 bei VW, als es noch als Armutszeugnis galt, japanische Begriffe im Original zu übernehmen. Heute wird auch in Deutschland für den gleichen Prozeß der Begriff „Kaizen" unübersetzt verwendet. Er bedeutet auf Japanisch: Kai = Ersatz; Zen = das Gute, also: „Ersatz des Guten durch das Bessere".

„KVP hoch 2" bedeutet für López demnach, daß bei VW

Verbesserungen mit höchster Dringlichkeit und Schnelligkeit durchgeführt werden müssen.

Wer jetzt glaubt, López würde sich nur mit der richtigen Anordnung der Maschinen, der Einsparung von Schmierstoffen und der Knebelung der Zulieferer befassen, liegt voll daneben. Ein Tag in Wolfsburg, in der mit 60 000 Mitarbeitern (Konzern 120 000) größten Automobilfabrik der Welt, lehrt anderes. Unten, am Band, herrscht die Angst um den Arbeitsplatz. Oben, in der Führungsetage, findet das große Stühlerücken statt – verbunden mit Kompetenzverlust und Einkommenskürzung. VW beschäftigt insgesamt etwa 1.000 Führungskräfte, davon ziemlich genau 100 Bereichsleiter, 250 Hauptabteilungsleiter und etwa 600 Abteilungsleiter. Diese Führungsebene unterhalb des Vorstands, also die Mitarbeiter des erweiterten und oberen Führungskreises, soll nicht unwesentlich verkleinert werden. Einige von ihnen haben bereits eine Aufforderung erhalten, sich nach einem Job außerhalb des Unternehmens umzusehen.

Es ist zwar nicht die Aufgabe eines Vorstandes für Produktion und Einkauf, solche Entscheidungen voranzutreiben, aber derzeit läuft nichts bei VW ohne das Duo Piëch/López. In den vergangenen Monaten war das öffentliche Interesse an VW so sehr auf dieses Duo fixiert, daß der, zugegebenermaßen längst erwartete, Austritt von Markenvorstand Daniel Goeúdevert so gut wie lautlos über die Bühne ging.

Anderer Standort, anderes Problem. General Motors sucht Führungskräfte. Man muß in Detroit die Personallücken wieder auffüllen, die durch den Weggang von López und seine mit ihm zu VW gewechselten Mitarbeiter entstanden sind. Nach einer Meldung der Agentur Reuter dreht sich das Karussell so: Der geschäftsführende Vize-Präsident

G. Richard Wagoner, der die Aufgaben von López über-
nommen hat, erhält Unterstützung durch eine Reihe neuer
Einkäufer. So wird Ronald Knox, bisher mit der weltweiten
Angebots- und Qualitätssicherung befaßt, neuer Material-
Chef von GM do Brasil. Seinen Platz soll künftig Ray
Campbell (51) übernehmen, der darüber hinaus auch die
strategische Vorproduktplanung weiterführen soll. David
Brown (42) soll der neue „Kostensenker" bei den Zuliefe-
rern werden. Brown war bislang Chef des Absatzbereiches
für Ersatzteile.

Deutsche und europäische Zulieferer für die GM-Fabri-
ken in Rüsselsheim, Antwerpen, Wien usw. müssen sich einen anderen Namen merken: Eddy Geysen. Er ist Einkaufs-
vorstand für GM Europa, mit Sitz in Rüsselsheim und somit
der Platzhalter jener Position, die López innehatte, bevor er
für elf Monate nach Detroit ging.

José Ignacio López de Arriortúa verließ General Motors,
weil ihm die Zusagen für den Bau einer Automobilfabrik in
seiner baskischen Heimat zu weich waren. Ist das bei VW
anders? Ganz sicher hat dieser Punkt bei López für die Entscheidung pro VW eine große Rolle gespielt. Eine Garantie
dafür zu erwarten wäre – auch bei aller Besessenheit eines
Dr. López für so ein Objekt – eine Portion Naivität zu viel.
Zumindest momentan. Wer denkt schon an den Bau einer
Automobilfabrik, wenn in allen VW-Werken kurzgearbeitet
wird. Außerdem schiebt VW in Mosel bei Zwickau und bei
Skoda in der Tschechei riesige Investitionen aus der Hahn-
Ära vor sich her. Und vor allem: Wer bei VW hat den Nerv,
an übermorgen zu denken, wenn es heute an allen Ecken
und Enden brennt?

Gäbe es diese Probleme nicht, würde Dr. Ferdinand
Piëch wahrscheinlich nichts lieber tun, als mit López ge-

meinsam im Umkreis von Bilbao, am liebsten am López-Geburtsort Amorebieta, eine Automobilfabrik bauen. Sie würde wahrscheinlich ganz anders aussehen als jene Fabriken, in denen heute Golf, Corsa oder Twingo gebaut werden. Ließe der japanische und vielleicht auch bald der koreanische Wettbewerb Zeit zum Luftholen, würden die beiden Techniker vermutlich alles bisher Bekannte in Frage stellen – die Werkstoffe, das Design, die Produktionsprozesse und die ganze Fabrikorganisation. Herauskommen könnte ein weltweit konkurrenzlos preiswertes Auto.

Wahrscheinlich wäre es ein „Einstiegsauto", denn Piëch ärgert es, daß VW kein „preiswertes Modell ganz unten" hat und daß diese Kundschaft immer noch „auf romanische oder asiatische Hersteller ausweichen muß".

Solche Visionen passen zu López. Aber er ist auch Realist – und geht jetzt auf ein realistisches Ziel zu. Wenn VW zu den in Spanien bereits arbeitenden Seat-Fabriken nicht ein weiteres Automobilwerk bauen will, so wäre es doch denkbar, daß VW dort eine Art Produktionstechnologielabor aufbaut, in dem López all seine Erfahrungen, Kenntnisse und Ideen einbringen könnte. Die ausgetesteten Methoden könnten dann in die bestehenden Werke eingeführt werden; eine solche Fabrik ließe sich aber auch in jedem Maßstab an fast jedem anderen Standort der Welt errichten.

Würde aus dieser Vision Wirklichkeit, wäre Josin, wie sie ihn zu Hause in liebevoller Heimatverbundenheit nennen, am Ziel seiner Wünsche. Und als äußeres Zeichen für ein bequemeres Leben könnte López seine Uhr dann endlich wieder am linken Handgelenk tragen.

Anhang II

Wie sich ein tapferer Krieger ernährt

von José Ignacio López de Arriortúa

W IE sich ein tapferer Krieger ernährt " ist ein Führer,

— um den Zusammenhang zwischen der Ernährung und der beruflichen Leistungsfähigkeit, der Gesundheit und der Stärke des Kriegers zu entdecken,
— um die wissenschaftlichen Grundsätze der menschlichen Ernährung zu verstehen,
— um die irreführenden Konzepte über die Ernährung richtigzustellen,
— um leichte Regeln aufzuzeigen, die jedermann verstehen kann,
— um alle notwendigen Bedingungen darzulegen, die zur Anwendung dieser Methode erforderlich sind,

— um sich darüber klarzuwerden, daß wir alle sind, was wir essen,

— um zu verstehen, daß die Menschen dick werden, weil sie schlecht essen und nicht weil sie zuviel essen,

— um die strategische Planung, die Sie in Ihrem Unternehmen anwenden, auf Ihre Ernährung auszudehnen,

— um ein ausgezeichnetes physisches und intellektuelles Niveau und eine außerordentliche Geisteskraft zu erreichen, ohne daß Sie auf die Freuden an den Nahrungsmitteln verzichten müssen,

— um eine große Anzahl von Gesundheitsproblemen zu beseitigen.

Die Krieger dazu motivieren, auch auf dem Gebiet der Ernährung zu triumphieren

Sie sind ein Krieger, der in allen Gebieten kämpft, um triumphieren zu können. Warum kämpfen Sie nicht auch im Bereich Ihrer Ernährung und gewinnen diese Schlacht?

Ebenso wie die Art des Brennstoffes, den Sie für Ihr Automobil verwenden, einen direkten Einfluß auf die Leistungsfähigkeit des Motors ausübt (Super, bleifrei, Diesel), haben die Nahrungsmittel, die Sie konsumieren, Einfluß auf Sie.

Es geht nicht um die Frage, weniger zu essen oder Lebensmittel zu essen, die nicht schmackhaft sind, oder mehr Sport zu treiben. Sondern es geht darum, kalorienarme Lebensmittel zu sich zu nehmen, intelligent zu essen, besser zu essen.

Diese Schlacht um die Verbesserung Ihrer Ernährungsweise ist die wichtigste, die Sie gewinnen können, weil dies Ihr ganzes Leben auf sehr positive Art beeinflussen wird.

Sie werden stärker sein, gesünder und optimistischer: Sie werden sich besser fühlen.

Klassifizierung der Lebensmittel

Lebensmittel sind eßbare Substanzen, die die folgenden organischen Elemente enthalten:

EIWEISSTOFFE ODER PROTEINE

Dies sind Substanzen, die im Fleisch, in Eiern, im Fisch usw. zu finden sind. Sie sind ein wichtiger Teil der menschlichen Nahrung für den Körperbau. Sie sind die Grundsubstanz aller Zellen des menschlichen Körpers. Sie werden von Elementen gebildet, die man Aminosäuren nennt.

Der menschliche Organismus kann den größten Teil der Eiweißstoffe nicht selbst produzieren, also müssen diese unserem Körper in Form von Eiweißstoffen zugeführt werden, die von Tieren (Fleisch, Käse, Milch, Fisch, Eier) oder von pflanzlichen Produkten (Soja, Mandeln, Walnüsse, Erdnüsse usw.) stammen. Wir benötigen mindestens 80 Gramm Eiweiß pro Tag. Sie werden für die Produktion der Blutkörperchen, für die Muskeln usw. benötigt. Ein exzessiver Konsum von Eiweißstoffen ruft Harnsäure hervor.

KOHLENHYDRATE

Kohlenhydrate sind Moleküle, die sich aus Kohle, Sauerstoff oder Wasserstoff zusammensetzen und die durch unseren Stoffwechsel in einfachen Zucker (Glukose, Fruktose und Laktose) zerlegt werden. Die Kohlenhydrate kommen in Nahrungsmitteln vor, die Zucker (Früchte, Honig usw.) und Stärke (Getreide, Reis, Kartoffeln, Mehl usw.) enthalten.

Es gibt „gute" Kohlenhydrate, die dem Organismus kleine Mengen von Glukose zuführen, wie z.B. Vollkorngetreide (Mehl, Vollkornreis), Linsen, Bohnen, die meisten Früchte und alle Gemüse, Vollkornbrot, Sellerie, Tomaten, Karotten, Pilze, Paprika, Kichererbsen.

Es gibt „schlechte" Kohlenhydrate, die unserem Organismus und dem Blut (bzw. dem Zuckerspiegel des Blutes) eine große Menge an Glukose zuführen, wie Zucker – dem größten Gift für die Menschen –, weißes Mehl, Alkohol und Kartoffeln, Honig, Kuchen, Schokolade, Bonbons, Marmelade, Eis, süße Getränke (Cola, kohlensäurehaltige Getränke, Tonic Water usw.), Pizzas, Croissants, Kekse, Blätterteigpasteten, Nudeln (Spaghetti, Ravioli usw.), weißer Reis, Mais.

Sie können wertvolle Kohlenhydrate essen, soviel Sie wollen, aber sie müssen die „schlechten" vermeiden.

FETTE ODER LIPOIDE

Das sind komplexe, gesättigte Moleküle (es gibt solche, die bei normalen Temperaturen fest sind, wie Butter) und nicht gesättigte Moleküle (sie sind bei normalen Temperaturen flüssig, wie z.B. Olivenöl).

Der Stoffwechsel der Fette oder Lipoide ist relativ langsam und noch langsamer bei den nicht gesättigten. Fette sind für die Ernährung notwendig: Sie enthalten die Vitamine A, B, E und K und bilden in unserem Organismus Hormone.

Wenn Sie Fette mit „schlechten" Kohlenhydraten zu sich nehmen, ist das Ergebnis eine enorme Menge an Fettreserven, die sich in Ihrem Körper in Form von Fettgeweben ansammeln.

Es gibt drei Kategorien von Fetten:

1) solche, die den Cholesterinspiegel erhöhen, wie die Fette von Käse, Fleisch, Butter, Wurst usw.
2) solche, die keinerlei Wirkung auf das Cholesterin haben wie Hühnchen, Erdnußfett usw.
3) solche, die das Cholesterin reduzieren, wie alle Fischfette (Thunfisch, Sardinen, Makrelen), Olivenöl, Maisöl, Soja oder Sonnenblumenmargarine.

BALLASTSTOFFE (FASERN)

Ballaststoffe sind Stoffe mit totem Gewicht ohne irgendeinen energetischen Wert, die aber bei der Verdauung der Lebensmittel helfen und dem Organismus wichtige Vitamine zuführen, indem sie die Absorption des Cholesterins sowie die Arteriosklerose vermeiden helfen. Sie eliminieren die Giftigkeit der Zusätze und Farbstoffe. Diese Fasern befinden sich im Gemüse (Spargel, Tomaten, Spinat, Blumenkohl usw.).

Von diesen vier Typen der Nahrungsmittelfamilien sind die Eiweißstoffe absolut notwendig, weil sie wichtige Aminosäuren enthalten, die unser Organismus nicht selbst produziert. Dasselbe gilt für einige Fette, die Linolsäure enthalten, die unser Organismus auch nicht produziert. Die Kohlenhydrate können als weniger notwendig betrachtet werden, weil unser Organismus Glukose aus unseren Fettreserven selbst produzieren kann.

Die Fette und die Eiweißstoffe sind oft in demselben Nahrungsmittel kombiniert, wie in Fleisch, Fisch usw.

Es gibt einige Lebensmittel, die gleichzeitig Fette und Kohlenhydrate enthalten, wie Milch, Walnüsse, Leber, Soja, Austern, Avocados, Oliven, Schokolade, Kokosnuß und Erdnüsse.

Nur die Fette und die Kohlenhydrate haben einen bedeutenden energetischen Wert.

Warum wir zunehmen

Das Insulin spielt hier die Hauptrolle. Dieses Hormon wird aus der Bauchspeicheldrüse abgesondert und hat die Aufgabe, auf die Glukose, die sich im Blut befindet, einzuwirken, um in die menschlichen Zellen einzudringen und Energie zu liefern. Ein Übermaß an Glukose wird in Form von Fettgewebe gespeichert.

Wie funktioniert dieser Prozeß?

• Wenn man nur Kohlenhydrate ißt (z.B. ein Stück Brot), werden die Kohlenhydrate in Glukose umgewandelt. Diese gelangt direkt ins Blut, wobei eine Hyperglykämie entsteht (d.h., es befindet sich mehr Glukose als normal im Blut). Danach stößt die Bauchspeicheldrüse Insulin aus, um den Zuckergehalt im Blut zu reduzieren und die Glukose in unseren Geweben und Zellen zu binden, indem Energie geliefert wird. Ein Übermaß an Glukose wird in Form von Fett gespeichert. Wenn es sich um „gute" Kohlenhydrate handelt, dann ist die Speicherung von Glukose minimal, aber wenn es „schlechte" sind (wie Zucker), dann werden große Fettreserven gebildet.

- Wenn man Kohlenhydrate zusammen mit Eiweißstoffen und Fetten ißt (z.B. ein Stück Brot mit Butter), ist der Stoffwechsel derselbe, und die Kohlenhydrate verwandeln sich durch das Insulin, so wie es bereits vorher erklärt worden ist. Aber der Unterschied ist, daß das Fett jetzt auch im Blut in Form von Fettsäure enthalten ist mit einer Energie, die zweieinhalbmal so hoch ist wie im vorhergehenden Fall. Das Insulin verwandelt alle Energie des eingenommenen Fettes, in diesem Fall der Butter, in Fettreserven. Die Kombination von Kohlenhydraten und Fetten ist eine Bombe.

- Wenn man nur Eiweißstoffe und Fette ißt (z.B. ein Stück Käse allein), wird keine Glukose im Blut freigesetzt, die Bauchspeicheldrüse setzt kein Insulin frei, und ohne dieses gibt es keine Energiespeicherung in Form von Fett. Der Organismus entnimmt den Fetten alle notwendigen Elemente, wie Vitamine, Fettsäuren, Mineralsalze, Kalk usw. Die ganze nützliche Energie wird vom Körper verbraucht, ohne daß sie in Fettform gespeichert wird.

Die Methode der korrekten Ernährung

Zwei Phasen werden unterschieden:

— Phase I: das Gewicht reduzieren
— Phase II: das richtige Gewicht halten

PHASE I: DAS GEWICHT REDUZIEREN

Setzen Sie sich ein Ziel: Wieviel Kilo wollen Sie verlieren und in welcher Zeit (zum Beispiel 100 Gramm pro Tag im Durchschnitt)?

Achten Sie gut auf die gefährlichen Nahrungsmittel, und eliminieren Sie sie aus ihrem Speiseplan:

- *Zucker:* Er ist das größte Gift für den Körper. Verbannen Sie ihn für immer aus Ihrem Speiseplan. Der Körper benötigt keine Zufuhr von Zucker von außen: Er erhält ihn aus den Fettreserven.
- *Brot:* ungesund. Auf Weißbrot muß verzichtet werden. Vollkornbrot kann verwendet werden, aber nur bei einem Frühstück, das sich ausschließlich aus Kohlenhydraten zusammensetzt. Bei Speisen, die Fette und Eiweißstoffe enthalten, muß jede Art von Brot vermieden werden.
- *Kartoffeln:* Sind schlecht für eine gesunde Diät und sollten weggelassen werden. Pommes frites sind wie eine Bombe.
- *Bohnen:* Vermeiden Sie sie. Sie sind schlechte Kohlenhydrate und außerdem Gift für den Körper.
- *Reis:* Weißer Reis enthält nur Stärke und muß vermieden werden; Vollkornreis kann verwendet werden, aber niemals zusammen mit Fetten oder Eiweißstoffen.
- *Weißes Mehl:* extrem ungesund: Sie sollten alle Speisen vermeiden, die mit weißem Mehl gemacht worden sind (Nudeln, Pfannkuchen usw.).
- *Mais:* Sollte vermieden werden.
- *Kichererbsen, Linsen:* Müssen in der Phase I vermieden werden.

— *Früchte:* Obst kann gegessen werden, aber nur separat. Sie sollten nicht mit Kohlenhydraten kombiniert werden, weil der Fruchtzucker die Enzyme (Ptyalin) bei der Verdauung zerstört und außerdem alle Vitamine der Früchte verlorengehen. Essen Sie sie eine halbe Stunde vor einem Frühstück mit Kohlenhydraten und eine Stunde vor einem Essen auf der Basis von Eiweißstoffen und Fetten (oder zwei oder drei Stunden nach dem Abendessen oder zwischen den Mahlzeiten mit zwei oder drei Stunden Abstand). Mischen Sie säurehaltige Früchte wie Apfelsinen, Äpfel usw. nicht mit süßen Früchten wie Bananen, Feigen usw. Essen Sie die Früchte ohne Schale.

Getränke:

— *Alkohol:* ungesund. Vermeiden Sie in der ersten Phase Wein (er ist in Phase II erlaubt) und Bier (auch Bier ist in der zweiten Phase erlaubt).
— *Kaffee:* nur koffeinfrei.
— *Kohlensäurehaltige Getränke, Tonic Water, Cola:* sehr ungesund. Vermeiden Sie sie auf alle Fälle.
— *Wasser:* ohne Kohlensäure.
— *Milch:* ist ein Kohlenhydrat mit Fett; trinken Sie nur fettarme Milch.
— *Fruchtsäfte:* Sie ähneln den Kohlenhydraten und sind am besten wie Früchte zu sich zu nehmen.

17 goldene Regeln, um abzunehmen

1. Schaffen Sie den Zucker ab. Er ist das giftigste aller Nahrungsmittel. Wenn Sie ihren Kaffee süßen wol-

len, verwenden Sie Süßstoff.

2. Essen Sie in keiner Form Kartoffeln. Pommes frites sind eine Kalorienbombe.

3. Vergessen Sie den weißen Reis. Essen Sie nur kleine Mengen an Vollkornreis.

4. Essen Sie keine Produkte, die mit weißem Mehl hergestellt worden sind (Weißbrot, Spaghetti, Ravioli, Pfannkuchen usw.).

5. Essen Sie keine Bohnen.

6. Trinken Sie keinen Alkohol in der Phase I. In der Phase II können Sie Wein trinken.

7. Während der Mahlzeiten sollten Sie in geringer Menge Wasser ohne Kohlensäure trinken.

8. Vermeiden Sie starken Kaffee. Trinken Sie Kaffee ohne Koffein, Tee nur in nicht konzentrierter Form.

9. Mischen Sie bei den Mahlzeiten niemals Fette und Eiweißstoffe mit Kohlenhydraten.

10. Essen Sie Früchte vor dem Frühstück (eine halbe Stunde zuvor, wenn das Frühstück auf Kohlenhydraten basiert und eine Stunde zuvor, wenn es auf Fetten und Eiweißstoffen beruht).

11. Vermeiden Sie alle Nahrungsmittel, die gleichzeitg Kohlenhydrate, Fette und Eiweißstoffe (wie Milch, Schokolade, Leber, Walnüsse usw.) enthalten.

12. Überspringen Sie nie ein Mittagessen, ein Abendessen oder ein Frühstück. Essen Sie regelmäßig zu denselben Zeiten.

13. Schränken Sie den Konsum von Fetten und „schlechten" Eiweißstoffen ein und bevorzugen Sie die „guten".

14. Essen Sie langsam, kauen Sie gut.

15. Nach einem Essen auf der Grundlage von Kohlenhydraten sollten Sie drei Stunden lang warten, bis Sie

Fette und Eiweißstoffe zu sich nehmen.

16. Nach einem Essen, das aus Fetten und Eiweißstoffen bestand, müssen Sie fünf Stunden warten, bis Sie Kohlenhydrate essen dürfen.

17. Essen Sie viele Ballaststoffe (grünen Salat, Spargel usw.).

Beispiele für gute Mahlzeiten in der Phase I

Frühstück

Auf Kohlenhydrat-Basis	*Auf der Basis von Eiweißstoffen und Fetten*
Früchte (eine halbe Stunde vor den übrigen Nahrungsmitteln), keine Bananen, Vollkornbrot, Käse mit 0 % Fett, koffeinfreier Kaffee, fettarme Milch, Süßstoff.	Eier, Speck, Wurst, Käse, koffeinfreier Kaffee oder leichter Tee, Milch oder besser Sahne, Joghurt (ohne Früchte und ohne Zucker), kein Brot.

 Dürfen nicht vermischt werden.

Mittagessen und Abendessen

Auf Kohlenhydrat-Basis	*Auf der Basis von Eiweißstoffen und Fetten*
Gemüse, Suppe (ohne	Gemüse mit gekochten

Butter und ohne Sahne),
grüner Salat,
Vollkornreis mit
Tomatensauce,
Vollkornbrot,
Käse mit 0 % Fett,
koffeinfreier Kaffee,
fettarme Milch,
Süßstoff.

Eiern,
Schinken, Wurst,
Fleisch oder Fisch
(besser beim Abendessen),
Gemüse mit Fleisch oder
Fisch,
Käse,
Getränk: Wasser ohne
Kohlensäure,
kein Brot.

⌐— Dürfen nicht kombiniert werden. —⌐

PHASE II: DAS KORREKTE GEWICHT HALTEN UND SICH AUS-
GEWOGEN ERNÄHREN

Die Phase II bietet eine ausgewogene Ernährung und
zeigt, wie man unsere Ernährung harmonisch zusammen-
stellen kann.
Es sind nur sehr wenige Dinge verboten.
Machen Sie weiter wie in der Phase I:

— Vermischen Sie keine Kohlenhydrate mit Eiweißstoffen und Fetten.
— Essen Sie nie Zucker, Honig, Marmelade, Bonbons.
— Essen Sie nie Produkte, die aus weißem Mehl, Kartoffeln, weißem Reis (nur Vollkornreis ist erlaubt)
hergestellt werden.
— Essen Sie kein Brot (welcher Sorte auch immer)
während des Mittagessens und des Abendessens. Essen Sie nur eine kleine Menge während des Früh-

stücks. Vorsicht bei Soßen: Sie dürfen kein Mehl enthalten.

— Verwenden Sie beim Frühstück Sonnenblumenmargarine anstelle von Butter.

— Trinken Sie nur fettarme Milch.

— Essen Sie vorzugsweise Fisch, „gute" Eiweißstoffe und Fette.

— Vorsicht bei den Nachspeisen. Essen Sie nur Erdbeeren, Himbeeren usw.

— Trinken Sie während den Mahlzeiten so wenig wie möglich.

— Trinken Sie vor dem Frühstück niemals Alkohol.

— Vermeiden Sie Liköre.

— Sie können Wein oder Sekt trinken, aber essen Sie vorher etwas.

— Während der Mahlzeiten trinken Sie Wasser ohne Kohlensäure oder Rotwein.

— Trinken Sie kein Wasser, wenn Sie Wein trinken.

— Trinken Sie Wasser zwischen den Mahlzeiten.

— Essen Sie Früchte nur vor dem Frühstück oder zwischen den Mahlzeiten.

— Trinken Sie niemals Cola, kohlensäurehaltige Getränke, auch keinen zuckerhaltigen Sprudel.

— Trinken Sie nur koffeinfreien Kaffee.

Die negativen Auswirkungen einer falschen Mischung

Auch wildlebende Tiere vermischen nie ihre Nahrungsmittel.

Die falsche Kombination von Nahrungsmitteln verursacht die folgenden Probleme:

- Erste falsche Kombination: *Früchte + Stärke* (Mehl, Kartoffeln, Reis usw.). Der Speichel hat ein Enzym, das Ptyalin genannt wird: Es ist für den Stoffwechsel von Stärke notwendig. Die Säure der Früchte zerstört das Ptyalin und verursacht eine „Katastrophe" bei der Verdauung von Stärke, wobei giftige Rückstände für unseren Organismus gebildet werden.
- Zweite falsche Kombination: *Früchte + Eiweißstoffe und Fette.* Die Verdauung der Eiweißstoffe und der Fette erfolgt durch den Magen dank eines Enzyms genannt Pepsin. Mit der Säure der Frucht wird der Ausstoß von Pepsin unterbrochen, und die Eiweißstoffe und Fette können nicht verdaut werden. Diese Rückstände bilden dann Gifte für unseren Organismus.
- Dritte falsche Kombination: *Milch + irgendein anderes Nahrungsmittel.* Wenn die Milch in den Magen gelangt, gerinnt sie und bildet kleine Kügelchen. Diese Kügelchen umhüllen die Nahrungsmittel im Magen und vermeiden oder erschweren ihren Angriff durch Magensäuren, was eine gute Verdauung verhindert mit ähnlichen Folgen wie bei den vorher genannten Fällen.
- Vierte falsche Kombination: *Stärke* (stammt von Kohlenhydraten) + *Eiweißstoffe und Fette* (ein Schinkensandwich z.B.). Neben der Wirkung des Insulins auf die Eiweißstoffe und Fette, die in Reserveenergien verwandelt werden (Fettgewebe), wird das Ptyalin (notwendig für den Stoffwechsel von Stärke) durch die saure Umgebung neutralisiert, in der sich das Pepsin (notwendig für den Stoffwechsel von Eiweißstoffen und Fetten) entwickelt, und das Pepsin wird ebenfalls von dem Ptyalin angegriffen. Beides ist unge-

sund, und die Folgen sind ähnlich verheerend wie in den Fällen 1 und 2 zusammen.

Alle Gifte, die in unserem Körper aufgrund dieser falschen Kombinationen von Nahrungsmitteln gebildet werden, sind die grundlegenden Ursachen für verschiedene Krankheiten wie Akne, Allergien, belegte Zunge, Probleme mit dem Magen, Geschwüre, Hepatitis, Darmkrebs, Kopfschmerzen usw.